Mrs Flury

EAT
GOOD
vegan
FOOD

INHALT

„EAT GOOD FOOD"
MIT MRS FLURY

Hallo, ich bin Doris! Ich bin Ernährungswissenschaftlerin, Mutter von 3 Kindern und lebe mit meiner Familie in der Nähe von Basel. Vielleicht kennen mich einige von meinem Blog mrsflury.com und vom YouTube-Kanal „Mrs Flury", wo ich meine liebsten Rezepte und Tipps für einen gesunden Lebensstil teile.

Gemeinsam essen und genießen hat in meinem Leben schon immer eine große Rolle gespielt. So habe ich es als Kind geliebt, meinen Tanten bei der Zubereitung traditioneller österreichischer Mehlspeisen wie Buchteln über die Schulter zu schauen, um diese später selbst zuzubereiten.

Meine Mutter hat für ihre Zeit sehr modern gekocht und immer vollwertige Lebensmittel in den Vordergrund gestellt. Egal was es bei uns zuhause gab, ein großer Salat oder eine Gemüsebeilage waren jedes Mal dabei. Von ihr habe ich auch gelernt, dass es ganz einfach ist, schnell ein gesundes Gericht mit wenigen Zutaten zu kochen. Sehr inspiriert haben mich auch die gemeinsamen Ausflüge mit meinen Eltern aufs Land. Hier habe ich beim Wandern nicht nur die wunderschöne österreichische Landschaft aufgesogen, sondern auch die Besuche von kleinen Landgasthöfen in bester Erinnerung. Schon damals war ich eine „Beilagenesserin"; Fleisch und Fisch haben für mich keine große Rolle gespielt.

Ausgestattet mit diesem Hintergrund bin ich mit 18 Jahren nach Wien gezogen, um Ernährungswissenschaften zu studieren. Ich wollte mehr über die Zusammenhänge unserer Ernährung und Gesundheit erfahren. Durch diesen Schritt war ich das erste Mal auf mich gestellt und für die Zubereitung meiner Mahlzeiten verantwortlich. Kurz nachdem ich zu kochen begann, habe ich aufgehört, Fleisch zu essen, und wurde Vegetarierin.

Ich experimentiere gerne in der Küche und bereite Gerichte in meiner Version etwas gesünder zu. Sei es, indem ich Gemüse unter Saucen mische,

Leinsamen über mein Frühstück streue oder den Zuckergehalt beim Backen reduziere. An Anleitungen in Kochbüchern konnte ich mich nie halten, sondern habe immer eigene Rezepte mit einer gesunden Komponente entwickelt.

Seitdem ich Mutter bin, habe ich auch die Verantwortung für das Wohlbefinden meiner Kinder. Jetzt spielt die Ernährung eine noch bedeutendere Rolle. Wie meine Mutter lege auch ich Wert darauf, dass unverarbeitete pflanzliche Lebensmittel die Basis unserer Mahlzeiten sind. Für ein gesundes Verhältnis zum Essen finde ich es wichtig, meine Kinder in den Einkauf und die Zubereitung unserer Gerichte miteinzubeziehen.

Innerhalb meines Freundeskreises wurde ich immer wieder nach meinen Rezepten und Ratschlägen für eine gesunde Ernährung gefragt, weshalb ich 2014 begann, diese auf meinem Blog und YouTube-Kanal „Mrs Flury" zu teilen. Ich habe beides als Sammlung meiner liebsten Rezepte gestartet und durch Leidenschaft und Kontinuität schnell mehr Leser und Zuschauer gewonnen. Meine Familie und insbesondere mein Mann Beat haben mich dabei von Anfang an sehr motiviert und unterstützt. Sei es bei der Erstellung von Fotos oder Videos und natürlich dadurch, dass meine Familie alle Rezept-Kreationen getestet hat.

Dieses Buch ist deshalb ein gemeinsames Projekt, und ich bin sehr stolz, was wir über die Jahre zusammen kreiert haben. Ich hoffe, ihr mögt meine Rezepte, und ich freue mich auf eure Rückmeldungen.

Einleitung

Ich verwende so wenig verarbeitete Zutaten wie möglich

GESUND ESSEN UND GLÜCKLICH SEIN

„Eat Good Food" bedeutet für mich, gesund und vollwertig zu essen, mit wenig bearbeiteten Zutaten und ohne auf Geschmack und Genuss zu verzichten. Meine Gerichte sind pflanzlich, einfach und schnell zubereitet, schmecken der gesamten Familie und machen mit jedem Bissen glücklich.

MEINE „EAT GOOD FOOD"-ERNÄHRUNG

Was bedeutet es eigentlich, sich gesund und vollwertig zu ernähren? Damit ist eine Ernährung mit möglichst natürlichen und wenig verarbeiteten Lebensmitteln gemeint. Die Basis meiner Ernährung besteht aus frischem Gemüse, Früchten, Nüssen, Samen, Kernen, Getreide und Hülsenfrüchten. Wenn ich einkaufen gehe, greife ich vor allem zu saisonalen Früchten und Gemüse und ergänze diese mit wenig bearbeiteten Zutaten wie Tofu. Je natürlicher, desto besser. Selber machen ist jedoch nicht nur gesund, sondern die Zubereitung macht ja auch Spaß und spart viel Geld.

„EAT GOOD FOOD"-TIPPS

Möglichst natürlich – Auf bearbeitete Produkte mit langen Zutatenlisten besser verzichten.

Bewusst einkaufen – Nach Erntezeiten, regional und möglichst in Bio-Qualität einkaufen. Das ist gut für unseren Körper und ihr unterstützt lokale Produzenten und die Umwelt.

Genügend trinken – Unser Körper besteht hauptsächlich aus Wasser, und es ist wichtig, über den Tag viel zu trinken. Am besten immer eine gefüllte Wasserflasche dabeihaben.

Selbst zubereiten – Ich versuche im Alltag selbst zu kochen und bereite gesunde Snacks für unterwegs vor. So weiß ich, was enthalten ist, und kann viel eher bei einer gesunden Ernährung bleiben.

Einfach und schnell – Wenn man Hunger hat, möchte man keine komplizierten Rezepte mit exotischen Zutaten. Meine Rezepte sind deshalb schnell mit wenigen Zutaten fertig.

Achtsam essen, gut kauen – Es ist wichtig, dass wir langsam essen und genügend kauen, sonst ist der Magen schnell überfordert und wir bekommen einen Blähbauch. Wer langsam isst, nimmt die Sättigung rechtzeitig wahr.

Routinen entwickeln – Wenn ihr euch angewöhnt, immer mehr einfache und gesunde Rezepte in eure Ernährung einzubauen, wie Porridge statt Fertigmüsli, dann wird das über längere Zeit zur Gewohnheit.

Maßvoller Genuss – Ich esse, was mir schmeckt. Wenn ich Lust auf Schokolade habe, dann genieße ich das in Balance mit einer ausgewogenen Ernährung. Wenn ihr das Verlangen habt, immer mehr zu essen, kann sich dahinter ein anderer Grund wie Stress verbergen. Versucht, das Problem zu lösen – Schokolade kann das nicht.

Natürlich süß – Wir genießen Süßes bewusst und in Maßen. Wenn möglich, greife ich auf süße Früchte oder Ahornsirup zurück. Aber Zucker bleibt Zucker und sollte unabhängig von der Quelle in kleinen Mengen verwendet werden.

AUSGEWOGEN PFLANZLICH ESSEN

Es ist bekannt, dass uns reichlich Früchte und Gemüse auf dem Teller guttun und wir davon täglich ausreichend essen sollten. Weltweit steht dafür die Kampagne „5 am Tag", denn eine bunte, ausgewogene und pflanzenbasierte Nahrung versorgt uns mit vielen Nähr- und gesunden Ballaststoffen.

GUT VERSORGT MIT PFLANZLICHER ERNÄHRUNG

Eine ausgewogene pflanzliche Ernährung hat viele Vorteile für unsere Gesundheit sowie für die Umwelt und das Klima. Ihr nehmt damit Kohlenhydrate für die Energie, reichlich Ballaststoffe, Vitamine und Spurenelemente auf. Auch die Versorgung mit gesunden Fetten, Proteinen und wichtigen Mikronährstoffen ist mit pflanzlicher Ernährung möglich.

Proteine: Wir benötigen ca. 1 g Eiweiß pro kg Körpergewicht. Eine optimale Proteinzufuhr kann durch eine vollwertige Ernährung gedeckt werden. Für ein gesundes Nährstoffpaket empfehle ich Proteinquellen verteilt auf die einzelnen Mahlzeiten, zum Beispiel Sonnenblumenkerne auf dem Salat, die zudem Omega-3-Fettsäuren und Vitamin E liefern. Haferflocken im Müsli glänzen mit 13 g Protein pro 100 g und liefern gesunde Ballaststoffe und B-Vitamine.

Fette: Keine Angst vor Fett, es ist notwendig für unsere Gesundheit und das Immunsystem. Pflanzliche Nahrungsmittel wie Nüsse, Samen, Avocados oder Oliven enthalten gesunde Fettsäuren, aber auch fettlösliche Vitamine und Ballaststoffe.

Mineralstoffe und Spurenelemente: Kalzium, Zink, Eisen und weitere essentielle Mikronährstoffe finden sich reichlich in Kohl, Spinat, Brokkoli, grünen Bohnen, Tofu, Tahini, Samen (Sesam, Hanf), Kernen (Kürbis, Sonnenblumen), Linsen, Kichererbsen, Mandeln oder in Nüssen wie Walnüssen und vielen weiteren Lebensmitteln.

Ergänzung mit B12: Vitamin B12 kommt nur in tierischen Produkten vor. Wer sich über einen längeren Zeitraum vegan ernährt, sollte Vitamin B12 als Nahrungsergänzungsmittel einnehmen.

Ich bin überzeugt, dass es mit einer pflanzlichen Ernährung möglich ist, alle notwendigen Stoffe außer B12 aufzunehmen. Es ist ebenfalls möglich, sich mit einer Mischkost ausgewogen zu ernähren. Für alle, die auf tierische Produkte nicht ganz verzichten möchten, kann dieses Buch Rezeptinspiration für einzelne vegane oder vegetarische Tage geben.

Eine pflanzliche Ernährung ist nicht kompliziert. Mein Ziel bei der Entwicklung der Rezepte war es, mit wenigen Zutaten möglichst viel Geschmack zu erzeugen. Ihr könnt die Rezepte nach Belieben verfeinern. Essen sollte immer Freude machen, und ich wünsche euch deshalb viel Vergnügen mit meinem Buch!

GEBRAUCHSANWEISUNG FÜR DAS BUCH

In diesem Kochbuch findet ihr eine Auswahl meiner erprobten Lieblingsrezepte, die schnell zubereitet sind und maximal sechs Zutaten benötigen. Die Rezepte sind in fünf Kapitel unterteilt, einfach nachzumachen und basieren auf vollwertigen pflanzlichen Lebensmitteln.

ZUTATEN

Alle „Eat Good Vegan Food"-Rezepte könnt ihr mit lediglich sechs Zutaten zubereiten. Dabei gehe ich davon aus, dass ihr Essig und Öl, Salz, Pfeffer und Zucker in kleinen Mengen zum Aromatisieren zuhause habt. Deswegen habe ich diese plus die Toppings, die ihr bei Bedarf weglassen könnt, nicht in die sechs Zutaten mit eingerechnet. Generell erleichtert ein Grundvorrat das tägliche Kochen. Meine Ideen dazu findet ihr auf Seite 168 bis 169.

VARIANTEN

Wenn ich bei den Zutaten Alternativen angebe, gelingt das Rezept auch damit. Alternativen sind ideal, wenn ihr spontan kochen wollt und einmal etwas nicht zuhause habt oder für Menschen mit Unverträglichkeiten.

KÜCHENTIPPS

Unterhalb meiner Rezepte findet ihr Küchentipps für mögliche Varianten, praktische Hinweise zum Lagern oder zum Verfeinern der Gerichte.

PORTIONEN

Die Portionsangaben sind Richtwerte für ein Hauptgericht.

ORIENTIERUNG MIT SYMBOLEN

Alle Rezepte sind mit Symbolen gekennzeichnet, die euch bei der Orientierung helfen:

 Proteinreich – mindestens 12 % der Energie stammt aus Proteinen

 Ballaststoffreich – liefert pro 100 g mindestens 3 g Ballaststoffe

 GF – ohne glutenhaltige Zutaten

 NF – ohne Nüsse

 ZF – ohne Süßungsmittel

 P – „Paleo": ohne Getreide

 LC – „Low Carb": weniger als 30 g Kohlenhydrate pro Portion

GLUTENFREIE OPTION

Auf das Symbol "glutenfreie Option" habe ich verzichtet. Viele Rezepte wie beispielsweise Backwaren oder Desserts (ab Seite 144) lassen sich auch mit glutenfreien Mehlen zubereiten. Bei Rezepten mit Haferflocken achtet bei speziellen Bedürfnissen auf die Kennzeichnung „glutenfrei" auf der Verpackung.

NÄHRWERTE

Die Nährwerte der Rezepte habe ich als Durchschnitts- bzw. Richtwert berechnet. Ich zähle keine Kalorien und achte stattdessen auf die Nährstoffdichte von Lebensmitteln, wie deren Vitamin- und Ballaststoffgehalt. So sind 100 kcal aus Oliven mit 100 kcal aus Olivenöl nicht gleichzusetzen, da unser Körper die Kalorien aus Oliven anders verwertet wegen der zusätzlichen Ballaststoffe.

HINWEIS ZUM BACKEN

Wenn nichts anderes angegeben, backe ich immer in der Ofenmitte mit Ober- und Unterhitze.

MEINE KÜCHE

Seit ich begonnen habe, meine Rezepte auf mrsflury.com zu teilen, habe ich viele Fragen zu meiner Küchenausstattung erhalten. Ich möchte euch gerne vorstellen, welche Ausrüstung ich sinnvoll finde. Dabei ist mein Motto „weniger ist mehr": lieber qualitativ hochwertige Produkte als schlechte Küchenmaschinen.

KÜCHENESSENTIALS

In meiner kleinen Studentenwohnung in Wien habe ich mit zwei Pfannen, Handmixer und Pürierstab alles zubereitet. Wenn ihr noch ein gutes Messer habt, könnt ihr mit dieser Ausrüstung alle Rezepte in diesem Buch zubereiten.

Mittlerweile konnte ich natürlich viele Küchengeräte testen und habe einige Geräte gekauft, die mir die Arbeit erleichtern. Aus meiner Sicht sind solche Küchengeräte vor allem dann sinnvoll, wenn größere Mengen – zum Beispiel für eine Familie – gekocht werden.

Kochgeschirr – Ich empfehle einen großen Topf aus Edelstahl für Pasta und Suppen sowie kleinere für Gemüse und Saucen. Zusätzlich verwende ich eine Bratpfanne mit Keramikbeschichtung.

Backformen – Für Brote und Cakes ist eine längliche Kastenform (ca. 25 cm) zu empfehlen. Für Kuchen verwende ich eine beschichtete Springform (ca. 22 cm Durchmesser). Zusätzlich habe ich eine rechteckige Auflaufform.

Küchenwaage – Ich verwende eine Digitalwaage.

Messer – Ein großes Schneidemesser, ein mittelgroßes Gemüsemesser und ein Brotmesser mit Wellenschliff sowie ein kleines Rüstmesser sind empfehlenswert.

Kochlöffel aus Holz, Schwingbesen, Teigschaber, Pfannenwender – ideal zum Rühren, Wenden oder Anrichten.

Vierkantreibe – Eine Küchenreibe ist günstig, schnell gereinigt und superpraktisch für die unterschiedlichsten Anwendungen.

Sparschäler – Der Klassiker in Schweizer Küchen und perfekt zum schnellen Schälen oder zur Herstellung von „Bandnudeln" aus Gemüse.

Schneidebretter – ein großes und ein kleines und am besten aus Holz.

Kartoffelpresse (Stampfer) – meine Wahl für Kartoffelbrei und Gnocchi.

Zerkleinerer, Mixer – So eine Küchenmaschine nennt man im Englischen „food processor"; damit lassen sich Nüsse, gefrorene Früchte usw. zerkleinern. Alternativ übernehmen ein Standmixer (Smoothie-Maker) oder Pürierstab (Stabmixer) diese Funktion.

Küchenmaschine – Ich schlage damit Flüssigkeiten auf und knete Teige. Alternativ kann auch ein elektrischer Handmixer verwendet werden.

Schüsseln – Zum Kneten von Teigen verwende ich diverse Keramikschüsseln in unterschiedlichen Größen. Ich besitze welche mit 25 cm Durchmesser und größer.

Aufbewahrungsbehälter – Ich fülle offene Vorräte wie Leinsamen oder Nüsse in ein Schraubglas, zum Beispiel ein altes Glas von Apfelmus oder Marmelade. Mehr zu empfehlenswerten Behältern erfahrt ihr im Kapitel „Gesunde Snacks für unterwegs" (ab Seite 120).

Frühstück

Ich 💛 buntes Frühstück

GESUNDER START IN DEN TAG

Ob es morgens schnell gehen muss oder Zeit für ein gemütliches Frühstück ist – in diesem Kapitel findet ihr meine Lieblingsrezepte sowie drei Basics für einen gesunden Start in den Tag. Mit wenig Zeit sind Overnight Oats ideal, mit mehr Muße probiert unbedingt meine Crêpes oder Waffeln.

Frühstücken wie ein Kaiser, Mittagessen wie ein König und abends wie ein Bettler – wir alle kennen den Tipp. Er ist nicht immer umsetzbar, zeigt aber die Bedeutung der ersten Mahlzeit.
Unser Körper arbeitet nachts und benötigt dabei Energie für verschiedene Stoffwechselprozesse. Das Frühstück ist die erste Möglichkeit, diese Energie zurückzugeben. Es gibt uns Power, und wer frühstückt, wird vormittags weniger schnell müde. Deshalb am besten die erste Mahlzeit nutzen und den Körper gut ernähren. Egal wie der weitere Tag wird: Versorgt mit einem gesunden Frühstück ist die gute Grundlage geschaffen.

WANN FRÜHSTÜCKEN?

So wichtig die erste Mahlzeit ist, würde ich niemanden dazu zwingen wollen. Das Frühstück soll sich gut in den Alltag integrieren lassen und den persönlichen Vorlieben entsprechen. Auch mein Frühstück hat sich über die Jahre und mit meiner Familie geändert. Ich starte gerne mit einer Tasse Kaffee, bevor ich später die Kinder wecke, und genieße die Ruhe am Morgen, wenn der Tag noch jung ist. Später esse ich mit einer meiner Töchter Porridge oder einen Vormittagssnack. Mein Mann schnappt sich eine Banane auf dem Weg ins Büro, die Mädchen essen direkt nach dem Aufstehen, mein Sohn erst in der Schulpause, weshalb diese Mahlzeit dann größer ausfällt. Wer morgens noch nichts essen will, sollte sich zumindest einen gesunden Snack mitnehmen. So besteht weniger Gefahr, bis zum Mittagessen in ein Energietief zu fallen. Unter der Woche verlassen bei uns alle zu unterschiedlichen Zeiten das Haus, weshalb ich dann über schnelle Rezepte wie die Overnight Oats (Seite 42/43), meine

Power-Frühstück-Shakes (Seite 30/31) oder das Karotten-Maisbrot (Seite 40/41) dankbar bin.
Am Wochenende haben wir mehr Zeit, dann stehen Genuss und Ruhe an erster Stelle. Für den gemütlichen Brunch bereite ich gerne Dinkel-Crêpes (Seite 28/29), Baked Chickpeas (Seite 46/47) oder herzhafte Kichererbsen-Omeletts (Seite 48/49) zu.

WAS GEHÖRT ZU EINEM GESUNDEN FRÜHSTÜCK?

Ich starte den Tag gerne mit etwas Flüssigem, am besten einem Glas Wasser, da der Körper über Nacht viel davon verloren hat.
Beim Frühstück ist alles möglich, es kann süß oder herzhaft ausfallen. Damit die erste Mahlzeit lange satt hält, ist ein ausgewogener Anteil von Proteinen, Kohlenhydraten und Fetten sinnvoll. Gute Kohlenhydrat-Quellen sind saisonale Früchte, Vollkornbrot, Haferflocken oder andere Körner. Ein gesundes herzhaftes Frühstück ist mein Dinkel-Joghurt-Brot (Seite 38/39) mit Tofu-Scramble (Seite 44/45).
Es liefert reichlich pflanzliches Eiweiß. Weitere gesunde pflanzliche Protein- und Fettquellen sind Leinsamen, Hanfsamen und Nüsse, die ich gerne auf Porridge oder Brotbelag streue.

MEINE FRÜHSTÜCK-BASICS:
NUTELLA-VARIANTE, CHIA-MARMELADE UND MANDELDRINK

Diese drei Basics habe ich immer zuhause und verwende sie für viele Rezepte.

NUTELLA-VARIANTE AUS DREI ZUTATEN

NÄHRWERTANGABEN Pro Portion (15 g) ca. 69 kcal · 1,5 g Protein · 5 g Kohlenhydrate · 1,5 g Ballaststoffe · 4,5 g Fett

FÜR 1 GLAS

200 g geröstete Haselnüsse
160 g entsteinte Datteln
40 g ungezuckertes Kakaopulver

1. Datteln mit heißem Wasser übergießen und für 10 Minuten einweichen. Abgießen und das Einweichwasser auffangen.
2. Haselnüsse in einen Mixer geben und zermahlen. Zwischendurch stoppen und die zerkleinerten Haselnüsse mit einem Teigschaber vom Maschinenrand nach unten schieben.
3. Datteln und Kakaopulver dazugeben und alles fein pürieren. Ungefähr 100 ml Einweichwasser beigeben, bis die Creme die gewünschte Konsistenz hat.
4. Schoko-Haselnusscreme in verschließbare Gläser füllen und im Kühlschrank lagern.

CHIA-MARMELADE

NÄHRWERTANGABEN Pro Portion (15 g) ca. 16 kcal · 0,5 g Protein · 2,5 g Kohlenhydrate · 1g Ballaststoffe · 0,5 g Fett

FÜR 1 GLAS

300 g gefrorene Himbeeren
60 ml Ahornsirup
2 EL Chiasamen

1. Himbeeren und Ahornsirup bei mittlerer Hitze ca. 5 Minuten in einem Topf köcheln lassen, bis die Himbeeren weich sind.
2. Chiasamen untermischen und bei niedriger Hitze unter Rühren weitere 5 Minuten köcheln lassen, bis die Mischung eindickt.
3. Chia-Marmelade in verschließbare Gläser füllen und im Kühlschrank lagern.

MANDELDRINK

NÄHRWERTANGABEN Pro Portion (100 ml) ca. 35 kcal · 1 g Protein · 0,5 g Kohlenhydrate · 0,5 g Ballaststoffe · 3,5 g Fett

FÜR 1 LITER

200 g Mandeln
1 Prise Salz

1. Mandeln über Nacht oder für 8 Stunden in Wasser einweichen. Einweichwasser abgießen.
2. Mandeln mit 1 l frischem Wasser in den Mixer geben und fein pürieren.
3. Eine Schüssel mit Sieb und Filtertuch (z. B. ein sauberes Geschirrtuch) bereitstellen und die Flüssigkeit durch das Filtertuch gießen. Die Enden des Filtertuchs verschließen und die Mandeldrink durch das Filtertuch pressen.
4. Mandeldrink in eine gereinigte Glasflasche füllen und im Kühlschrank lagern.

LIEBLINGS-PORRIDGE

Porridge ist ein richtiges Powerfrühstück! Die Haferflocken sättigen lange durch pflanzliche Proteine und Ballaststoffe. Unter das Basis-Rezept einfach Zutaten nach Wahl mischen.

BASIS-PORRIDGE

NÄHRWERTANGABEN Pro Portion ca. 209 kcal · 7 g Protein · 32 g Kohlenhydrate · 5 g Ballaststoffe · 4 g Fett

FÜR 4 PORTIONEN

200 g Haferflocken
1/8 TL Salz
200 ml Haferdrink

1. Haferflocken, 600 ml Wasser und Salz in einen Kochtopf geben und zum Kochen bringen. Die Hitze reduzieren für ca. 5 Minuten köcheln, bis eine cremige Konsistenz entsteht. Dabei regelmäßig umrühren, damit der Porridge nicht anbrennt.
2. Haferdrink unterrühren, Porridge in Schalen verteilen und nach Belieben garnieren. Bei den Varianten die übrigen Zutaten unter den warmen Porridge geben.

VARIANTE SCHOKO

NÄHRWERTANGABEN Pro Portion ca. 371 kcal · 11 g Protein · 48 g Kohlenhydrate · 12 g Ballaststoffe · 11 g Fett

FÜR 4 PORTIONEN

1 Portion Basis-Porridge
10 g Kakaopulver
15 g Schokolade

VARIANTE KAROTTENKUCHEN

NÄHRWERTANGABEN Pro Portion ca. 350 kcal · 10 g Protein · 41 g Kohlenhydrate · 8 g Ballaststoffe · 14 g Fett

FÜR 4 PORTIONEN

1 Portion Basis-Porridge
50 g geriebene Karotte
15 g gehackte Walnüsse
2 TL Ahornsirup
1 TL Zimt

PORRIDGE-BAUKASTEN

Meine Familie und ich lieben Porridge, und bei der Zubereitung gibt es unzählige süße oder herzhafte Varianten. Mit dieser Anleitung könnt ihr euren persönlichen Liebling zusammenstellen und sorgt für Abwechslung. Als Maß verwende ich eine Tasse von 250 ml.

ALS FLOCKEN ODER KÖRNER

Hafer: unser Favorit, cremige Konsistenz und reich an Proteinen und B-Vitaminen.

Dinkel: schmeckt leicht nussig, gute Alternative zu Haferflocken.

Hirse: mildes Aroma und glutenfrei. Punktet durch Kieselsäure und Eisen.

Reis: leicht süßlich, glutenfrei und liefert B-Vitamine.

Quinoa: mildes Aroma, feine Konsistenz und glutenfrei. Gute Quelle für pflanzliches Protein.

Buchweizen: nussiger, kräftiger Geschmack und glutenfrei. Sehr nährstoffreich und eine gute Quelle für pflanzliches Protein.

ZUBEREITUNG FLOCKEN

1 Tasse Flocken in einen Topf geben, mit 1 Tasse Wasser bedecken, 1 Tasse Flüssigkeit nach Wahl zugeben (z. B. Pflanzendrink) und mit 1 Prise Salz und eventuell Aromen zum Kochen bringen. Porridge für rund 5 Minuten köcheln lassen, bis die gewünschte Konsistenz erreicht ist. Mit Toppings nach Wahl garnieren.

oder

ZUBEREITUNG KÖRNER

1 Tasse Körner in ein Sieb geben und mit Wasser gründlich spülen. Die Körner mit 1 Tasse Wasser, 1 Tasse Flüssigkeit nach Wahl (z. B. Pflanzendrink) und 1 Prise Salz und eventuell Aromen zum Kochen bringen. Je nach Korn dauert es etwa 10 bis 25 Minuten, bis die gewünschte Porridge-Konsistenz erreicht ist. Mit Toppings nach Wahl garnieren.

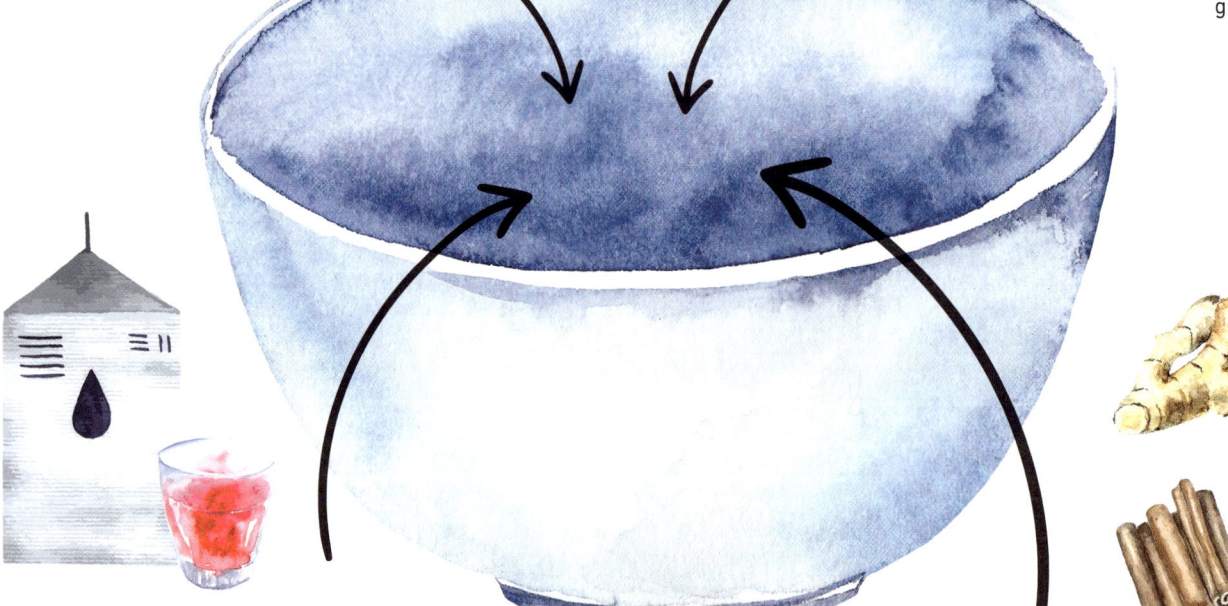

FLÜSSIGKEIT

Mandeldrink, Haferdrink, Kokosnussmilch, Hanfsamen-Drink, Erbsendrink, Fruchtsaft, pflanzliche Bouillon.

AROMEN

Kakaopulver, gemahlener Zimt, Ingwer, Vanille, Kardamom, Kurkuma, Muskatnuss, Pfeffer.

KNUSPRIGE TOPPINGS

Sonnenblumenkerne, Kürbiskerne, Leinsamen,
Kokosnuss-Chips, gehackte Nüsse, gehackte dunkle
Schokolade, Granola, Kakaonibs.

CREMIGE TOPPINGS

Kokosnussjoghurt, Soja-Skyr, Chiapudding, Marmelade,
Kompott, Erdnussbutter, Mandelmus, Tahini (Sesammus), Hummus.

GESUNDE FRÜHSTÜCKS-MUFFINS

Klein, handlich und nicht zu süß sind diese Muffins ein leckeres Frühstück. Sie sind schnell gemacht und eignen sich perfekt zum Mitnehmen.

NÄHRWERTANGABEN Pro Muffin ca. 179 kcal · 5,5 g Protein · 33 g Kohlenhydrate · 4 g Ballaststoffe · 2 g Fett

FÜR 12 STÜCK

Fett für die Form
400 g Dinkelmehl
1 EL Backpulver
1/8 TL Salz
200 g ungezuckertes Apfelmus
200 ml Haferdrink
150 ml Ahornsirup

40 g Studentenfutter, grob gehackt
80 g TK-Beeren (z. B. Himbeeren,
  Erdbeeren, Heidelbeeren)

1. Backofen auf 180 °C Ober- und Unterhitze vorheizen. Die Mulden des Muffinblechs einfetten.
2. Dinkelmehl, Backpulver und Salz mischen. Apfelmus, Haferdrink und Ahornsirup beigeben. Alle Zutaten rasch zu einem Teig vermengen.
3. Teig auf die Mulden des Muffinblechs aufteilen. Eine Hälfte der Muffins mit gehacktem Studentenfutter und die andere Hälfte mit Beeren verzieren.
4. Muffins im vorgeheizten Backofen für etwa 25 Minuten backen. Leicht abkühlen lassen und mit einem stumpfen Messer vorsichtig aus dem Muffinblech lösen.

KÜCHENTIPP *Da der Teig ohne Fett ist, unbedingt die Mulden des Muffinblechs oder der Papierförmchen einfetten.*

PROTEIN-WAFFELN MIT POWER-ZUTAT

Diese Waffeln enthalten weiße Bohnen, die reichlich Proteine und gesunde Ballaststoffe für die Verdauung liefern. Aber keine Sorge, man schmeckt die Bohnen nicht heraus.

NÄHRWERTANGABEN Pro Waffel ca. 153 kcal · 6 g Protein · 26 g Kohlenhydrate · 5 g Ballaststoffe · 1 g Fett

FÜR 5 STÜCK

1 Dose weiße Bohnen (240 g)
1 Banane
175 ml Haferdrink
2 EL Zitronensaft
125 g Dinkelmehl
2 TL Backpulver
1/8 TL Salz
Kokosöl

1. Bohnen gut abtropfen lassen und zusammen mit Banane, Haferdrink und Zitronensaft in den Mixer geben. Pürieren.
2. Dinkelmehl, Backpulver und Salz mischen. Die flüssigen Zutaten zur Mehlmischung geben und zu einem glatten Teig verrühren.
3. Waffeleisen erhitzen und mit wenig Kokosöl fetten. Pro Waffel ca. 3 EL Teig hineingeben und bei mittlerer Hitze für etwa 5 Minuten backen. Die fertigen Waffeln auf ein Gitter legen.
4. Den kompletten Teig so aufbrauchen. Das Waffeleisen vor jedem Backvorgang mit Kokosöl fetten, damit die Waffeln nicht ankleben.
5. Die fertigen Waffeln nach Belieben mit Früchten, Nussbutter, Chiapudding oder herzhaftem Belag servieren.

KÜCHENTIPP *Der Teig eignet sich auch gut für Pancakes. Wer mag, kann die Waffeln einfrieren.*

FEINE DINKEL-CRÊPES

Wenn ihr mir auf Instagram @mrsflury folgt, wisst ihr, dass es bei uns oft Crêpes gibt – meine Kinder lieben die dünnen Pfannkuchen. Wir genießen die Crêpes gefüllt mit Himbeer-Chia-Marmelade (Seite 18/19) oder Apfelmus.

NÄHRWERTANGABEN Pro Crêpe ca. 143 kcal · 5 g Protein · 23 g Kohlenhydrate · 4 g Ballaststoffe · 3 g Fett

FÜR 8 STÜCK

250 g Dinkelmehl
¼ TL Salz
250 ml Haferdrink
250 ml Mineralwasser mit
 Kohlensäure
1 EL Ahornsirup
1 EL Öl

ZUM SERVIEREN

Marmelade oder Früchte nach
 Belieben

1. Dinkelmehl und Salz in eine Schüssel geben und mischen. Haferdrink, Mineralwasser, Ahornsirup und Öl beigeben und mit dem Schneebesen zu einem glatten Teig verrühren.
2. Crêpes-Teig bei Raumtemperatur für 15 Minuten quellen lassen.
3. Eine beschichtete Pfanne mit wenig Öl erhitzen. Mit einer Kelle den Teig mittig in die Pfanne gießen und diese leicht schwenken, damit der Pfannenboden dünn mit Teig bedeckt ist.
4. Crêpes bei mittlerer Hitze von beiden Seiten für ca. 2 Minuten backen. Nach Belieben dekorieren und genießen.

KÜCHENTIPP *Für herzhafte Pfannkuchen den Ahornsirup einfach weglassen.*

DREI POWER-FRÜHSTÜCK-SHAKES

Diese Shakes sind ein richtiges Turbo-Frühstück und liefern durch vollwertige Zutaten reichlich Nährstoffe.

FÜR 1 PORTION

VARIANTE BEEREN

250 ml Sojadrink

130 g TK-Beeren (z. B. Himbeeren, Heidelbeeren, Brombeeren)

30 g Haferflocken

20 g Hanfsamen

NÄHRWERTANGABEN Pro Shake ca. 397 kcal · 20 g Protein · 37 g Kohlenhydrate 7,5 g Ballaststoffe · 17 g Fett

Alle Zutaten in den Mixer geben und cremig pürieren. Den Shake sofort genießen.

VARIANTE MANGO-JOGHURT

250 ml Mandeldrink

120 g TK-Mango-Stücke

100 g Sojajoghurt

20 g Hanfsamen

NÄHRWERTANGABEN Pro Shake ca. 285 kcal · 14,5 g Protein · 22 g Kohlenhydrate · 5 g Ballaststoffe · 15,5 g Fett

Alle Zutaten in den Mixer geben und cremig pürieren. Den Shake sofort genießen.

VARIANTE SCHOKO-CHIA

250 ml Mandeldrink

100 g Banane, gefroren und in Stücken

30 g Cashews

20 g Chiasamen

10 g Kakaopulver

NÄHRWERTANGABEN Pro Shake ca. 376 kcal · 11 g Protein · 35 g Kohlenhydrate 12 g Ballaststoffe · 19 g Fett

Alle Zutaten in den Mixer geben und cremig pürieren. Den Shake sofort genießen.

KÜCHENTIPP *Wenn es schnell gehen soll, alle trockenen Zutaten am Vorabend in einem Gefrierbeutel einfrieren und zum Frühstück mit Pflanzenmilch im Mixer pürieren.*

FRÜHSTÜCKS-COUSCOUS MIT GEBRATENEN ZIMT-ÄPFELN

Couscous eignet sich wunderbar als süßes Frühstück und ist ruckzuck zubereitet. Während der Couscous quillt, werden die Zimt-Äpfel gemacht.

NÄHRWERTANGABEN Pro Portion ca. 305 kcal 7 g Protein · 54 g Kohlenhydrate · 6 g Ballast-stoffe · 5 g Fett

FÜR 4 PORTIONEN
400 ml Mandeldrink | 1/8 TL Salz | 200 g Cous-cous | 2 große Äpfel | 1 TL Öl | 1 EL Ahornsirup 1 TL Zimt

ZUM SERVIEREN
Chia-Marmelade oder Früchte nach Belieben

1. Mandeldrink und Salz in einen Topf geben und erwärmen. Couscous einrühren, vom Herd nehmen und zugedeckt für 5 bis 10 Minuten quellen lassen.
2. Äpfel waschen und in Würfel schneiden. Öl in einer Pfanne erhitzen und Apfelwürfel darin andünsten. Ahornsirup und Zimt dazu-geben und weiter anbraten.
3. Couscous mit einer Gabel auflockern, zu den Äpfeln in die Pfanne geben und kurz mit-braten.
4. Den fertigen Couscous auf 4 Schalen ver-teilen. Zum Servieren nach Belieben mit zu-sätzlichem Zimt bestäuben, mit Ahornsirup beträufeln, mit Sojajoghurt oder Früchten garnieren.

KÜCHENTIPP Schmeckt warm und kalt. Anstelle von Äpfeln passen auch Beeren oder Kompott sehr gut.

KNUSPRIGES SCHOKO-ERDNUSS-BUTTER-GRANOLA

Wir lieben dieses gebackene Müsli mit Früchten und Mandeldrink. Da fertige Produkte oft viel Zucker und Fett enthalten, bereite ich es lieber selbst zu.

NÄHRWERTANGABEN Pro Portion ca. 199 kcal · 7 g Protein · 24 g Kohlenhydrate · 4 g Ballaststoffe · 7 g Fett

FÜR 8 PORTIONEN

160 g Haferflocken
2 EL ungezuckertes Kakaopulver
¼ TL Salz
80 g ungesüßte Erdnussbutter
  (Erdnussmus)
100 ml Ahornsirup

1. Backofen auf 180 °C Ober- und Unterhitze vorheizen. Backblech mit Backpapier auslegen.
2. Haferflocken, Kakaopulver und Salz in einer Schüssel mischen.
3. Erdnussbutter und Ahornsirup dazugeben und gut untermischen, bis eine krümelige Masse entstanden ist.
4. Müsli auf dem Backblech verteilen und im vorgeheizten Backofen bei 180 °C für 15 bis 20 Minuten backen. Dabei das Granola nach der Hälfte der Backzeit wenden, damit es schön knusprig wird.
5. Granola vollständig auskühlen lassen und luftdicht verschlossen in einem Glas aufbewahren.

KÜCHENTIPP *Schmeckt auch als Topping auf Smoothie-Bowls oder pur ganz wunderbar.*

VANILLE-CHIAPUDDING

Chiasamen sind kleine Kraftpakete und liefern wichtige pflanzliche Proteine, gesunde Fettsäuren und Ballaststoffe.
Lecker auch zu Waffeln oder Pancakes!

NÄHRWERTANGABEN Pro Portion ca. 193 kcal · 4,5 g Protein · 12 g Kohlenhydrate · 7 g Ballaststoffe · 11 g Fett

FÜR 4 PERSONEN
8 EL Chiasamen
500 ml Mandeldrink
200 g Kokosjoghurt
2 EL Ahornsirup
1 TL gemahlene Vanille
Früchte zum Schichten
(z. B. Erdbeeren, Himbeeren,
Mango)

1. Chiasamen mit Mandeldrink und Kokosjoghurt gut verrühren. Ahornsirup und gemahlene Vanille unterrühren.
2. Chiapudding 15 Minuten bei Raumtemperatur stehen lassen, dabei immer wieder gut mit einer Gabel umrühren, damit die Chiasamen keine Klümpchen bilden. Danach für mindestens 1 Stunde in den Kühlschrank stellen.
3. Chiapudding herausnehmen und mit einer Gabel auflockern. Im Wechsel mit gewürfelten Früchten in vier Gläser schichten. Nach Belieben die Gläser mit gehackten Nüssen, Granola oder Früchten dekorieren und servieren.

KÜCHENTIPP *Der Pudding hält im Kühlschrank etwa 5 Tage.*

SCHNELLES DINKEL-JOGHURT-BROT

Wenn es nach frisch gebackenem Brot duftet, kommen alle schnell zum Frühstückstisch. Dieses Brot ist ohne Hefe, muss nicht aufgehen und schmeckt mit süßem oder herzhaftem Belag wunderbar.

NÄHRWERTANGABEN Pro Scheibe (50 g) 105 kcal · 5 g Protein · 17 g Kohlenhydrate · 3 g Ballaststoffe · 1 g Fett

FÜR 1 BROT

350 g Dinkelmehl
50 g Haferflocken
2 TL Backpulver
1,5 TL Salz
300 g ungesüßter Sojajoghurt
1 TL Bio Apfelessig, alternativ
   Zitronensaft

1. Backofen auf 190 °C Ober- und Unterhitze vorheizen. Backblech mit Backpapier auslegen.
2. Trockene Zutaten mischen, Sojajoghurt und Apfelessig zugeben und rasch zu einem weichen Teig verrühren.
3. Ein rundes Brot formen, mit dem Messer einschneiden und aufs Backblech legen.
4. Dinkel-Joghurt-Brot bei 190 °C für ca. 45 Minuten backen. Herausnehmen und auf dem Ofengitter auskühlen lassen.

KÜCHENTIPP *In Scheiben geschnitten lässt sich das Brot gut einfrieren.*

SAFTIGES KAROTTEN-MAISBROT

Cornbread haben wir in den USA kennengelernt. Das klassische Maisbrot habe ich mit reichlich Karotten verfeinert – super gesund und saftig!

NÄHRWERTANGABEN Pro Stück (57 g) ca. 143 kcal · 2,5 g Protein · 22 g Kohlenhydrate · 3 g Ballaststoffe · 4 g Fett

FÜR 12 STÜCK

300 g Karotten

300 g Maismehl, alternativ feiner Maisgrieß

2 EL weiße Chiasamen

3 TL Backpulver

1 TL Salz

300 ml Haferdrink

2 EL Olivenöl

1 EL Ahornsirup

1. Backofen auf 190 °C Ober- und Unterhitze vorheizen. Backform (20 x 20 cm) leicht fetten und mit Backpapier auslegen.
2. Karotten schälen, grob reiben und 300 g abwiegen.
3. Maismehl, Chiasamen, Backpulver und Salz mischen. Haferdrink, Olivenöl und Ahornsirup dazugeben. Alles miteinander verrühren und die geriebenen Karotten unterheben. Teig für 10 Minuten quellen lassen.
4. Den Teig in die vorbereitete Form füllen und gleichmäßig verstreichen. Das Maisbrot bei 190 °C für 35 bis 40 Minuten goldbraun backen. Herausnehmen und auf dem Ofengitter auskühlen lassen.

KÜCHENTIPP *Schmeckt statt mit Karotten auch mit geriebenem Kürbis sehr gut.*

OVERNIGHT OATS

Overnight Oats sind perfekt, wenn es morgens schnell gehen muss, und ideal zum Mitnehmen.

NÄHRWERTANGABEN Pro Portionen ca. 338 kcal · 13 g Protein · 47 g Kohlenhydrate · 10 g Ballaststoffe · 8 g Fett

FÜR 4 PERSONEN

190 g Haferflocken
2 EL Chiasamen
1 TL Zimt
1 Prise Salz
500 g Sojajoghurt
100 g entsteinte Datteln, fein gehackt
Früchte (z. B. Himbeeren, Erdbeeren),
 gehackte Nüsse oder Nussmus als
 Topping

1. Alle Zutaten mit 300 ml Wasser in eine Schüssel geben und gut vermischen. Die Schüssel abdecken und über Nacht in den Kühlschrank stellen. (Haferflocken und Chiasamen quellen auf und nehmen so die Flüssigkeit auf.)
2. Am Morgen den Haferbrei nochmals durchmischen, nach Belieben zusätzliche Flüssigkeit zugeben und auf vier Gläser aufteilen.
3. Overnight Oats mit frischen Früchten, gehackten Kernen oder etwas Nussmus garnieren.

KÜCHENTIPP *Die Datteln verleihen eine natürliche Süße, alternativ etwas Ahorn-sirup verwenden.*

TOFU-SCRAMBLE

Dieses vegane Rührei ist ein gesundes und proteinreiches Frühstück, perfekt zu getoastetem Brot oder Kartoffeln.

NÄHRWERTANGABEN Pro Portion ca. 166 kcal · 12 g Protein · 3 g Kohlenhydrate · 1,5 g Ballaststoffe · 12 g Fett

FÜR 2 PORTIONEN

200 g fester Tofu
1 EL Öl
1 TL Kurkuma
½ TL Salz
½ TL Pfeffer
Frische gehackte Kräuter
 (z. B. Petersilie, Schnittlauch,
 Basilikum) als Topping

1. Tofu mit Küchenpapier leicht trocken tupfen und mit den Händen oder einer Gabel zerbröseln.
2. Öl in einer Pfanne erhitzen, den Tofu dazugeben und unter Rühren anbraten. Mit Kurkuma, Salz und Pfeffer würzen und weiterbraten.
3. Tofu-Scramble nach Belieben mit frischen Kräutern verfeinern und servieren.

KÜCHENTIPP *Damit es nach Eiern schmeckt, sparsam mit Kala Namak, auch Schwarzsalz, aus dem Reformhaus verfeinern.*

BAKED CHICKPEAS

Baked Beans sind selbst gemacht noch gesünder, da fertige Produkte oft viel Zucker und Salz enthalten. Hier kommen Kichererbsen statt Bohnen zum Einsatz.

NÄHRWERTANGABEN Pro Portion ca. 209 kcal · 8,5 g Protein · 22 g Kohlenhydrate · 9 g Ballaststoffe · 6,5 g Fett

FÜR 4 PORTIONEN

1 rote Zwiebel
1 EL Olivenöl
1 Glas Kichererbsen (430 g)
1 Dose gehackte Tomaten (400 g)
1 EL Melasse, alternativ Ahornsirup
1 EL Tomatenmark
½ TL Salz und Pfeffer
Frische gehackte Kräuter
  (z. B. Schnittlauch, Petersilie,
  Basilikum) als Topping

1. Backofen auf 180 °C vorheizen.
2. Zwiebel schälen und fein würfeln. Olivenöl in einem ofenfesten Topf erhitzen und die Zwiebel darin unter Rühren glasig dünsten.
3. Kichererbsen abtropfen lassen. Gemeinsam mit gehackten Tomaten, Melasse und Tomatenmark zufügen und gut vermengen. Deckel auflegen und den Topf für 30 Minuten in den Backofen stellen.
4. Baked Chickpeas vor dem Servieren mit Salz und Pfeffer würzen und mit gehackten Kräutern bestreuen.

KÜCHENTIPP *Für rauchiges Aroma mit 1 Prise geräuchertem Paprikapulver verfeinern.*

KICHERERBSEN-OMELETTS

Ich serviere diese kleinen Omeletts gerne mit Hummus, gebackenen Kichererbsen oder Tofu-Scramble (Seite 44/45).

NÄHRWERTANGABEN Pro Portion ca. 175 kcal · 8,5 g Protein · 18 g Kohlenhydrate · 4 g Ballaststoffe · 6 g Fett

FÜR 4 PORTIONEN

150 g Kichererbsen-Mehl
1 EL Olivenöl
½ TL Salz
Öl zum Braten

1. Alle Zutaten in einer Schüssel samt 250 ml Wasser mit dem Schneebesen gut verrühren. Den Teig für 10 Minuten quellen lassen.
2. Etwas Öl in einer beschichteten Pfanne erhitzen und pro Omelett etwa 2 EL Teig in die Pfanne geben. Omeletts von beiden Seiten für rund 2 Minuten backen.
3. Warm mit einer Beilage nach Wahl servieren.

KÜCHENTIPP *Die Omeletts eignen sich gut für die Lunchbox zum Mitnehmen.*

Mittagessen

Das Mittag-
essen im Alltag
sollte unkompli-
ziert sein.

EINFACH UND LECKER MITTAGESSEN

Hier findet ihr meine Lieblingsrezepte für ein leichtes und gesundes Mittagessen. Alle Gerichte sind schnell zubereitet, und die Salate und Sandwiches eignen sich – je nachdem, wie ihr mittags Zeit habt – gut für die Lunchbox. Die Rezepte und Basics können perfekt kombiniert werden.

Im Alltag wünsche ich mir ein schnelles und unkompliziertes Mittagessen. Denn meine Kinder kommen zu unterschiedlichen Zeiten hungrig von der Schule nach Hause, an anderen Tagen sind wir unterwegs, und ich packe das Mittagessen einfach in die Lunchbox ein.

UNKOMPLIZIERT UND LECKER

Das Mittagessen sollte leicht sein und uns mit neuer Energie versorgen, aber die Verdauung nicht unnötig belasten oder uns nach dem Essen müde machen. Da mittags oft wenig Zeit zum Kochen und Essen bleibt, sind kleine Mahlzeiten wie Salate, Suppen, Sandwiches oder einfache Pasta-Gerichte ideal. Wenn meine Kinder Freunde zum Mittagessen mitbringen, mache ich gerne die knusprigen Dinkel-Flammkuchen (Seite 80/81).
Viele Gerichte in diesem Kapitel schmecken sowohl warm und als auch kalt, wie das Brokkoli-Quinoa-Risotto (Seite 70/71) oder die Couscous-Pfanne (Seite 72/73). Um Zeit in der Küche zu sparen, am besten gleich am Vorabend eine größere Portion vorkochen und dann mittags mit frischen Zutaten wie Kräutern oder einem Salat ergänzen. So ist im Handumdrehen eine gesunde Mahlzeit auf dem Tisch.

KOMBINIEREN UND MITNEHMEN

Viele Rezepte in diesem Kapitel lassen sich gut kombinieren. So passen die Falafeln (Seite 60/61) als Topping auf die Regenbogen-Bowl (Seite 58/59) oder zum Pasta-Salat (Seite 62/63). Ich bin ein großer Fan von Suppen und Eintöpfen, die je nach Appetit mit Brot oder einem Salat zu einer vollwertigen Mahlzeit werden. Pürierte Suppen sind außerdem prima, um

eine extra Portion Gemüse einzubauen. Ein weiterer Pluspunkt: Sie lassen sich bestens vorkochen und wieder aufwärmen. Fürs Mittagessen außer Haus einfach in einen Thermobehälter füllen und im Büro oder in der Schule eine gesunde Mahlzeit genießen. Auch wenn es unterwegs viele Möglichkeiten gibt, sich zu verpflegen, ist selbst gekochtes Essen fast immer gesünder als fertige Sandwiches aus dem Supermarkt oder ein Snack aus der Kantine und vom Imbiss.

ZEIT NEHMEN UND GENIESSEN

Selbst im trubeligen Alltag ist es mir wichtig, mir mittags eine Pause zu gönnen und mein Essen bewusst zu genießen. Ich versuche, nicht nebenbei am Computer zu essen oder gar schnell im Gehen. Denn dann wird das Essen zu einer Nebensache und wir merken gar nicht, wann wir satt sind. Nutzt die Mittagspause unbedingt, um in Ruhe zu essen, auch wenn ihr nur wenig Zeit habt. Eine vollwertige Mahlzeit schenkt eurem Körper viel Energie für den restlichen Tag.

MEINE MITTAGS-BASICS:
HUMMUS, TAHINI-DRESSING UND MANDELKÄSE

Diese drei Basics habe ich immer zuhause und verwende sie für viele Rezepte.

HUMMUS

NÄHRWERTANGABEN Pro Portion ca. 65 kcal · 2 g Protein · 4 g Kohlenhydrate · 1,5 g Ballaststoffe · 4 g Fett

FÜR 10 PORTIONEN

220 g Kichererbsen aus der Dose
1 Zitrone
1 Knoblauchzehe
2 EL Olivenöl
1 EL Tahini (Sesammus)
1 TL Salz
1/2 TL gemahlener Kreuzkümmel
 (Kumin)
1/2 TL Paprikapulver

1. Kichererbsen abspülen und gut abtropfen lassen. Zitrone auspressen, Knoblauch schälen. Alle Zutaten in den Mixer geben und pürieren.
2. Nach Bedarf 1 bis 2 EL Wasser zugeben und weiter pürieren, bis die gewünschte Konsistenz erreicht ist.

TAHINI-DRESSING

NÄHRWERTANGABEN Pro Portion ca. 37 kcal · 0,5 g Protein · 2 g Kohlenhydrate · 0,5 g Ballaststoffe · 3 g Fett

FÜR 10 PORTIONEN

1 Zitrone
2 EL Tahini (Sesammus)
1 EL Ahornsirup
1 EL Olivenöl
1 Handvoll Petersilie
1/2 TL Salz

1. Zitrone auspressen, mit den übrigen Zutaten in den Standmixer geben und cremig pürieren.
2. Dressing in ein Schraubglas füllen und kühl lagern.

MANDELKÄSE

FÜR 8 PORTIONEN

½ Bio-Zitrone
ca. 200 g oder eine Portion Mandeltrester von Rezept Mandeldrink
 (Seite 19)
2 EL Olivenöl
1 Zweig Rosmarin
1 TL Salz
1 Knoblauchzehe

1. Backofen auf 200 °C Ober- und Unterhitze vorheizen.
2. Die Schale der Zitrone abreiben, den Saft auspressen. Mandeltrester, Olivenöl, Zitronensaft und -schale, Rosmarinnadeln, Salz und Knoblauchzehe in den Mixer geben und cremig pürieren. Masse zu einem Laib formen.
3. Laib in eine kleine, ofenfeste Form geben und den Mandelkäse für etwa 25 bis 30 Minuten im Backofen backen. Die Oberfläche sollte leicht gebräunt und fest sein. Dann herausnehmen, abkühlen lassen und im Kühlschrank lagern.

FENCHEL-ORANGEN-SALAT

Eines unserer Lieblingsgerichte! Die Kombination von knackigem Fenchel mit Orangen ist perfekt. Dazu selbst gemachtes Brot, mehr braucht es nicht.

NÄHRWERTANGABEN Pro Portion ca. 405 kcal · 4,5 g Protein · 30 g Kohlenhydrate · 10 g Ballaststoffe · 27 g Fett

FÜR 4 PORTIONEN

2 Fenchelknollen
8 Orangen
2 EL Apfelessig
8 EL Olivenöl
½ TL Salz
½ TL Pfeffer
100 g Babyspinat
Granatapfelkerne und gehackte
  Mandeln als Topping

1. Fenchel waschen, der Länge nach vierteln und sehr fein schneiden.
2. Orangen schälen, dabei den Saft auffangen und die Orangen in ca. 1/2 cm dicke Scheiben schneiden.
3. Fenchel mit Essig, Olivenöl, Orangensaft und etwas Salz mischen und kurz ziehen lassen.
4. Babyspinat waschen, trocken schleudern und auf vier Tellern anrichten. Marinierten Fenchel und Orangen darauf verteilen.
5. Salat mit Granatapfelkernen, gehackten Mandeln und schwarzem Pfeffer garnieren und sofort servieren.

KÜCHENTIPP *Als Vorspeise die Zutatenmenge einfach halbieren.*

REGENBOGEN-BOWL

Sieht nicht nur schön aus, sondern steckt auch voller gesunder Nährstoffe! Ich bereite die Bowl gerne mit Zutaten aus dem Vorrat zu.

NÄHRWERTANGABEN Pro Portion ca. 291 kcal · 12 g Protein · 34 g Kohlenhydrate · 14 g Ballaststoffe · 8 g Fett

FÜR 2 PORTIONEN

200 g Kichererbsen aus dem Glas
 oder der Dose
4 Karotten (200 g)
14 Cherry-Tomaten
200 g frischer Rotkohl
100 g Rucola
100 ml Tahini-Dressing (Seite 54/55)

1. Kichererbsen abspülen und gut abtropfen lassen.
2. Karotten mit dem Sparschäler in feine Streifen schneiden oder fein raspeln. Cherry-Tomaten vierteln. Rotkohl in feine Streifen schneiden. Rucola waschen und trocken schleudern.
3. Kichererbsen, Karottenstreifen, Tomaten, Rotkohlstreifen und Rucola in zwei Schüsseln anrichten. Mit dem Dressing beträufeln.

KÜCHENTIPP *Kichererbsen mit 1 EL Öl und Salz mischen und 20 Minuten bei 180 °C im Backofen rösten.*

KNUSPRIGE FALAFELN OHNE FRITTIEREN

Einfach gemacht und schmeckt super auf Salaten, in Wraps oder im Pitabrot. Statt klassisch frittiert bereite ich Falafeln lieber mit wenig Öl in der Pfanne zu.

NÄHRWERTANGABEN Pro Portion (4 Falafeln) ca. 144 kcal · 6 g Protein · 14 g Kohlenhydrate 5 g Ballaststoffe · 5,5 g Fett

FÜR 15 STÜCK

250 g Kichererbsen aus der Dose | 1/2 Zwiebel, geschält | 3 EL Kichererbsen-Mehl | 1 Bund frische Petersilie, alternativ Koriander | 1 TL gemahlener Kumin (Kreuzkümmel), alternativ Currypulver | 1/2 TL Salz | 1/2 TL Pfeffer | 1 EL Öl zum Braten

1. Abgespülte und abgetropfte Kichererbsen, die Zwiebel, Kichererbsen-Mehl, Petersilie, Kumin, Salz und Pfeffer in die Küchenmaschine geben.
2. Alle Zutaten zu einer stückigen Masse zerkleinern.
3. Von der Falafelmasse kleine Portionen abnehmen und mit den Händen zu Kugeln formen.
4. Öl in einer beschichteten Pfanne erhitzen. Falafeln von jeder Seite für etwa 5 Minuten knusprig anbraten.

KÜCHENTIPP *Nach Geschmack mit Knoblauch, Zitronensaft oder Chili verfeinern. Größere Mengen lassen sich gut einfrieren.*

EINFACHER PASTA-SALAT

Dieser Nudelsalat geht schnell und liefert dank Kichererbsen-Fusilli und Räuchertofu reichlich pflanzliches Eiweiß.

NÄHRWERTANGABEN Pro Portion ca. 447 kcal · 27 g Protein · 35 g Kohlenhydrate · 9 g Ballaststoffe · 21 g Fett

FÜR 4 PORTIONEN

250 g Kichererbsen-Fusilli
300 g Cherry-Tomaten
230 g Räuchertofu
70 g Babyspinat
1 Avocado
2 EL Olivenöl
1 Zitrone
1 TL Meersalz
1 TL Pfeffer

1. Kichererbsen-Fusilli in reichlich Salzwasser nach Packungsanleitung garkochen.
2. Cherry-Tomaten waschen und vierteln, Räuchertofu in Würfel schneiden. Avocado halbieren, den Stein herauslösen, das Fruchtfleisch würfeln. Zitronensaft auspressen. Babyspinat waschen, trocken schleudern und grob hacken.
3. Alle Zutaten für den Salat in eine große Schüssel geben. Gekochte, abgetropfte Kichererbsen-Pasta dazugeben und alles gut miteinander vermischen.
4. Salat für 10 Minuten ziehen lassen. Mit Salz und Pfeffer abschmecken und servieren.

KÜCHENTIPP *Das Rezept ist ideal zum Vorbereiten und Mitnehmen in der Lunchbox. Schmeckt auch als Beilage beim Grillen.*

ERFRISCHENDE KÜRBIS-KOKOS-SUPPE

Die leuchtend orange Suppe schmeckt erfrischend durch Kokosmilch und Orangensaft. Ergänzt mit einem Salat und Brot wird daraus eine vollwertige Mahlzeit.

NÄHRWERTANGABEN Pro Portion ca. 122 kcal · 2,5 g Protein · 16 g Kohlenhydrate · 1,5 g Ballaststoffe · 5,5 g Fett

FÜR 4 PORTIONEN

1 Zwiebel
1 EL Olivenöl
1 Hokkaido-Kürbis, gewürfelt
 (ca. 600 g)
1 TL gemahlener Ingwer
600 ml Gemüsebouillon
125 ml Orangensaft
125 ml Kokosmilch
Frische gehackte Kräuter
 (z. B. Petersilie, Koriander),
 gehackte Pistazien, Sprossen als
 Topping

1. Zwiebel schälen und fein hacken. Olivenöl in einem Topf erhitzen und die Zwiebel darin 2 bis 3 Minuten andünsten.
2. Kürbiswürfel dazugeben und kurz mitdünsten. Ingwer zufügen und mit der Bouillon aufgießen.
3. Die Suppe bei mittlerer Hitze etwa 15 Minuten köcheln lassen, bis der Kürbis weich ist.
4. Orangensaft und Kokosmilch dazugeben und die Suppe pürieren.
5. Die Kürbissuppe zum Servieren mit frischen Kräutern, gehackten Pistazien und Sprossen dekorieren.

KÜCHENTIPP *Wer es schärfer mag, verfeinert mit Chili, Curry oder Kurkuma.*

TOMATEN-LINSEN-SUPPE

Linsen sind sättigend, eine tolle Proteinquelle und enthalten reichlich Ballaststoffe. Diese Suppe lässt sich gut vorkochen und schmeckt aufgewärmt herrlich.

NÄHRWERTANGABEN Pro Portion ca. 380 kcal · 20 g Protein · 48 g Kohlenhydrate · 8 g Ballaststoffe · 9 g Fett

FÜR 2 PORTIONEN

1 Zwiebel
1 EL Olivenöl
130 g rote Linsen
400 g gehackte Tomaten aus
 der Dose
30 g Tomatenmark
700 ml Gemüsebouillon
Frische gehackte Petersilie,
 gehackte Chilischoten oder
 geviertelte Cherry-Tomaten als
 Topping

1. Die Zwiebel schälen und fein hacken. Olivenöl in einem Topf erhitzen. Zwiebel-würfel dazugeben und unter Rühren kurz andünsten.
2. Rote Linsen in ein Sieb geben und unter Wasser abspülen. Linsen, gehackte Toma-ten und Tomatenmark zu den Zwiebeln geben.
3. Bouillon angießen und die Suppe bei mittlerer Hitze für etwa 20 Minuten köcheln lassen.
4. Die Suppe in Schalen schöpfen und nach Belieben mit gehackter Petersilie, Chili-schoten oder Cherry-Tomaten garnieren.

KÜCHENTIPP *Gebratene Tofuwürfel und Fladenbrot dazu servieren.*

RAFFINIERTE FENCHEL-BIRNEN-SUPPE

Fenchel schmeckt nicht nur im Tee, sondern ist auch als Gemüse superlecker. Der anisartige Geschmack kommt von den ätherischen Ölen, welche das Gemüse so gesund machen.

NÄHRWERTANGABEN Pro Portion ca. 188 kcal · 3,5 g Protein · 24 g Kohlenhydrate · 7 g Ballaststoffe · 7 g Fett

FÜR 2 PORTIONEN

1 Zwiebel
1 Fenchelknolle
1 Birne
1 EL Olivenöl
800 ml Gemüsebouillon
Salz
Pfeffer

1. Zwiebel schälen und mit Fenchel und Birne in Stücke schneiden.
2. Olivenöl in einem Topf erhitzen. Zwiebel, Fenchel und Birne kurz andünsten. Bouillon angießen.
3. Die Suppe bei mittlerer Hitze für etwa 20 Minuten köcheln lassen, bis der Fenchel weich ist.
4. Dann die Suppe cremig pürieren und mit Salz und Pfeffer abschmecken.

KÜCHENTIPP *Wer es schärfer mag, verfeinert mit gehackten Chilischoten.*

QUINOA-BROKKOLI-RISOTTO

Quinoa ist eine tolle Variante zu Reis und enthält zudem mehr Proteine und Ballaststoffe. Dieses Gericht sättigt lange und schmeckt auch kalt ganz köstlich.

NÄHRWERTANGABEN Pro Portion ca. 572 kcal · 28 g Protein · 68 g Kohlenhydrate · 16 g Ballaststoffe · 17 g Fett

FÜR 2 PORTIONEN

180 g Quinoa
1 Zwiebel
1 EL Olivenöl
500 ml Gemüsebouillon
350 g Brokkoli
150 g TK-Edamame-Bohnen
1 Zitrone
Salz
Pfeffer
Frische Kräuter (z. B. Petersilie, Basilikum), gehackte Chilischoten, Nüsse fürs Topping

1. Quinoa für 1 Stunde in Wasser einweichen, anschließend in ein Sieb geben und abtropfen lassen.
2. Zwiebel schälen und klein schneiden. Olivenöl in einem Topf erhitzen und die Zwiebel darin kurz anschwitzen. Quinoa dazugeben und mit Bouillon aufgießen. Für etwa 10 Minuten bei mittlerer Hitze köcheln lassen, dabei gelegentlich umrühren.
3. Brokkoli in kleine Röschen schneiden, zusammen mit den Edamame- Bohnen zur Quinoa in den Topf geben. Gut umrühren und für weitere 5 bis 10 Minuten köcheln lassen. Die Zitrone auspressen und den Saft zum Risotto geben, mit Salz und Pfeffer abschmecken.
4. Quinoa-Risotto in Schalen geben und nach Belieben mit frischen Kräutern, gehackter Chili oder Nüssen garnieren.

KÜCHENTIPP *Statt Quinoa Hirse verwenden und statt Edamame-Bohnen Erbsen probieren!*

SCHNELLE COUSCOUS-GEMÜSE-PFANNE

Dieses Gericht ist ideal für ganz unterschiedliches Gemüse. Die Pfanne eignet sich bestens zum Vorkochen und schmeckt warm wie kalt.

NÄHRWERTANGABEN Pro Portion ca. 235 kcal · 7,5 g Protein · 38 g Kohlenhydrate · 4 g Ballaststoffe · 4 g Fett

FÜR 4 PORTIONEN

2 Zucchini

1 rote Paprika

1 Zwiebel

1 EL Öl

1 TL Salz

1 TL Pfeffer

180 g Couscous

1 Zitrone

80 g Babyspinat

1. Zucchini und Paprika waschen und in Würfel schneiden. Zwiebel schälen und kleinschneiden.
2. Öl in einer Pfanne erhitzen. Zucchini, Paprika und Zwiebel für etwa 7 Minuten anbraten. Mit Salz und Pfeffer würzen.
3. Couscous einstreuen, mit 400 ml Wasser aufgießen, umrühren und für 2 Minuten kochen lassen. Dann zugedeckt auf der ausgeschalteten Herdplatte 5 Minuten quellen lassen.
4. Couscous am Ende der Garzeit mit der Gabel auflockern. Die Zitrone auspressen, den Babyspinat waschen und trocken schleudern. Saft zusammen mit dem Babyspinat unterheben.
5. Die Couscous-Pfanne mit Salz und Pfeffer abschmecken und servieren.

KÜCHENTIPP *Zum Verfeinern noch 3 EL Hummus (Seite 54/55) unter die Masse heben.*

KNUSPRIGE GEMÜSE-FRITTERS

Knusprig und vollgepackt mit Gemüse sind die Fritters ein leichtes Mittagessen für die ganze Familie. Dazu passen Salat und ein Joghurt-Dip.

NÄHRWERTANGABEN Pro 4 Fritters ca. 169 kcal · 5,5 g Protein · 32 g Kohlenhydrate · 6 g Ballaststoffe · 1 g Fett

FÜR 12 STÜCK

1 Zucchini
250 g gekochte Kartoffeln vom Vortag
2 Karotten
Salz
100 g Maiskörner, frisch oder TK
50 g Dinkelmehl
1 TL Paprikapulver
Öl zum Braten

1. Zucchini, Kartoffeln und Karotten reiben. Zusammen in eine Schüssel geben, mit wenig Salz bestreuen und 10 Minuten stehen lassen. Dann überschüssiges Wasser mit den Händen ausdrücken.
2. Ausgedrückte Zucchini, Kartoffeln, Karotten und Mais zurück in die Schüssel geben. Mehl, Paprikapulver und 1 TL Salz dazugeben und alles gut miteinander vermengen.
3. Mit einem Eiskugel-Portionierer oder von Hand gleichmäßige Portionen abnehmen. Runde Kugeln formen und leicht flach drücken.
4. Etwas Öl in einer beschichteten Pfanne erhitzen. Die Puffer bei mittlerer Hitze von beiden Seiten für etwa 4 Minuten knusprig braten.
5. Auf Tellern verteilen und mit einer Beilage oder einem Dip nach Wahl servieren.

KÜCHENTIPP *Auch als gesunder Snack oder als Fingerfood für Gäste ideal.*

CREMIGE KÜRBIS-PASTA

Ein richtiges Wohlfühlgericht und schnell gemacht. Die Pasta liefert dank Kürbis reichlich Beta-Carotin, eine Vorstufe von Vitamin A.

NÄHRWERTANGABEN Pro Portion ca. 417 kcal
16 g Protein · 68 g Kohlenhydrate · 7 g Ballaststoffe · 6 g Fett

FÜR 4 PORTIONEN
300 g Pasta (z. B. Penne) | Salz | 400 g Kürbispüree (siehe Küchentipp) | 300 ml Kokosmilch
Pfeffer | ½ TL getrocknete Chiliflocken
100 g Grünkohlblätter | 10 g frischer Salbei

1. Die Pasta nach Packungsanleitung in reichlich Salzwasser bissfest kochen.
2. Kürbispüree, Kokosmilch, Salz, Pfeffer und Chili in einen Topf geben und verrühren. Die Sauce kurz aufkochen, dann die Hitze reduzieren und bei mittlerer Hitze für 5 Minuten köcheln lassen.
3. Grünkohl und Salbei waschen und klein schneiden. Unter die warme Sauce mischen.
4. Wenn die Pasta gar ist, abtropfen lassen und unter die Sauce heben. Mit Salz und Pfeffer abschmecken und servieren.

KÜCHENTIPP *Kürbispüree bereite ich aus gedämpften Kürbisstücken zu. Alternativ geht auch Süßkartoffelpüree.*

SUPERFOOD-PESTO-PASTA

Hier steckt reichlich Gemüse drin! Die cremige Sauce liefert jede Menge Nährstoffe, ist aber leichter als herkömmliches Pesto.

NÄHRWERTANGABEN Pro Portion ca. 522 kcal · 18 g Protein · 65 g Kohlenhydrate · 6 g Ballaststoffe · 19 g Fett

FÜR 4 PORTIONEN

350 g Pasta (z. B. Penne oder
  Spaghetti)
Salz
2 mittelgroße Zucchini
80 g Grünkohlblätter
3 EL Olivenöl
Pfeffer
20 g frisches Basilikum
1 Zitrone
50 g Walnüsse
Hefeflocken oder Hanfsamen
  als Topping

1. Pasta nach Packungsanleitung in reichlich Salzwasser bissfest kochen.
2. Zucchini waschen und in Scheiben schneiden. Grünkohl in Stücke schneiden.
3. 1 EL Olivenöl in einer Pfanne mit Deckel erhitzen. Zucchinischeiben unter Rühren für etwa 5 Minuten andünsten. Mit wenig Wasser aufgießen, mit Salz und Pfeffer würzen. Kohl dazugeben und mit Deckel auf der Pfanne für 5 Minuten weich kochen.
4. Weich gedünstetes Gemüse mit der übrigen Flüssigkeit aus der Pfanne in einen Standmixer geben. Basilikumblätter, den Saft der Zitrone, 2 EL Olivenöl, Walnüsse und Nudelwasser dazugeben und alles cremig pürieren.
5. Pestosauce mit der Pasta mischen und mit Salz und Pfeffer abschmecken. Zum Servieren nach Belieben mit Hefeflocken oder Hanfsamen bestreuen.

KÜCHENTIPP *Alternativ mit Spinat oder Bärlauch statt Kohl zubereiten.*

SCHNELLER FLAMMKUCHEN OHNE HEFE

Knuspriger und dünner Teig belegt mit Quark und Frühlingszwiebel – der schnelle Flammkuchen ohne Hefe muss nicht aufgehen und ist ruckzuck auf dem Tisch!

NÄHRWERTANGABEN Pro Stück ca. 659 kcal · 31 g Protein · 78 g Kohlenhydrate · 14 g Ballaststoffe · 22 g Fett

FÜR 4 STÜCK
500 g Dinkelmehl
1 TL Salz
4 EL Olivenöl

QUARK-CREME
300 g Soja-Quark
1 EL Zitronensaft
1 EL Olivenöl
½ TL Salz
½ TL Pfeffer

TOPPING
1 Bund Frühlingszwiebel
150 g Tofu
1 TL Paprikapulver

1. Backofen auf 200 °C Ober- und Unterhitze vorheizen.
2. Dinkelmehl und Salz in der Schüssel vermischen. 250 ml Wasser und Olivenöl beigeben und mit dem Knethaken der Küchenmaschine oder von Hand zu einem elastischen Teig verkneten.
3. Arbeitsfläche leicht bemehlen. Teig in 4 Portionen teilen und jede Teigportion dünn ausrollen.
4. Alle Zutaten für die Quark-Creme mit dem Schneebesen glatt verrühren. Creme auf den ausgerollten Flammkuchen-Teigen verstreichen.
5. Frühlingszwiebeln waschen und in feine Streifen schneiden. Tofu würfeln und mit Paprikapulver mischen. Zusammen mit den Frühlingszwiebeln auf den Flammkuchen verteilen.
6. Flammkuchen auf der untersten Schiene für etwa 15 Minuten im Ofen backen und gleich servieren.

KÜCHENTIPP *Saisonal mit Spargelstücken oder Radieschen belegen. Flammkuchen lassen sich prima einfrieren.*

KICHERERBSEN-TUNA-SALAT

Kichererbsen liefern viel pflanzliches Eiweiß und wertvolle Ballaststoffe. Leicht zerdrückt sorgen sie hier für die cremige Konsistenz. Konsistenz und Geschmack erinnern an Thunfisch.

NÄHRWERTANGABEN Pro Portion ca. 150 kcal · 6 g Protein · 16 g Kohlenhydrate · 6 g Ballaststoffe · 4,5 g Fett

FÜR 4 PORTIONEN

350 g Kichererbsen aus dem Glas
1 Zitrone
1 EL Tahini (Sesammus)
½ Nori-Blatt (Seetangplatte, getrocknet)
1 Stange Staudensellerie
2 EL frische Kräuter (z. B. Dill, Petersilie)
½ TL Salz
½ TL Pfeffer
Babyspinat und Avocadoscheiben als Topping

ZUM ANRICHTEN

4 Scheiben Vollkorntoast

1. Kichererbsen abspülen und abtropfen lassen. Mit dem Kartoffelstampfer oder einer Gabel grob zerkleinern, es sollen noch Stücke sichtbar sein. Zitrone ausdrücken und den Saft samt Tahini unterheben.
2. Nori-Blatt in kleine Stücke brechen und unterheben.
3. Sellerie waschen und in kleine Stücke schneiden. Kräuter fein hacken und mit den Selleriestücken unter die Kichererbsenmasse geben. Mit Salz und Pfeffer abschmecken und den Salat kurz ziehen lassen.
4. Zum Servieren Brot toasten und mit dem Salat bestreichen. Sandwiches nach Belieben mit Spinat oder Avocadoscheiben garnieren.

KÜCHENTIPP *Zum Verfeinern gehackte rote Zwiebel beigeben.*

Abendessen

Am Abend treffen wir uns alle an einem Tisch

GEMEINSAM GESUND GENIESSEN

In diesem Kapitel findet ihr Gerichte unterschiedlichster Art für den Abend wie Aufläufe, Burger, Gemüse-Pommes, Risotto oder Sushi. Die Rezepte bieten Abwechslung, und es ist von jedem meiner Familienmitglieder ein Lieblingsgericht dabei.

GEMÜSE ALS BASIS

Meine Rezepte basieren auf Gemüse. Kombiniert mit Hülsenfrüchten (Linsen, Kichererbsen usw.), Getreide (Reis, Mais usw.), Kartoffeln und Pseudogetreide (Amaranth, Buchweizen, Quinoa) werden daraus nahrhafte Gerichte für die ganze Familie. Ich versuche, möglichst saisonales Gemüse zu verwenden. So schmeckt das Ofengemüse (Seite 104/105) das ganze Jahr über mit Gemüse der Saison wie Zucchini, Kürbis oder Kohl ganz wunderbar. Die Füllung der Summerrolls (Seite 110/111) bereite ich im Frühling mit gedämpftem Spargel und im Herbst mit Rotkraut zu.

ABWECHSLUNG AUF DEM TELLER

Ich freue mich, wenn meine Kinder gerne bei Brokkoli, Karotten oder Reis zugreifen, versuche aber auch immer wieder, bisher unbekannte Zutaten anzubieten. So bereite ich ein Risotto auch mal mit Hirse statt mit Reis zu. Dadurch entsteht keine Langeweile, und meine Kinder lernen neue nährstoffreiche Lebensmittel kennen. Damit die Kleinen Unbekanntes probieren, hilft es, die neue Komponente zusammen mit einem Lieblingsgericht wie beispielsweise Reis zu servieren und erstmals nur eine kleine Menge anzubieten. Bei überfüllten Tellern mit „exotischen" Zutaten sind kleine Esser meiner Erfahrung nach schnell überfordert.

ZUSAMMEN KOCHEN

Gemeinsam zubereitet schmeckt es so viel besser! Wir kochen abends gerne zusammen, und ich beziehe meine Kinder, wenn immer möglich, in die Zubereitung der Gerichte mit ein. Sie können beispielsweise beim Vorbereiten von Gemüse helfen, dann sind spezielle Kindermesser empfehlenswert.

Oder sie bereiten einen bunten Vorspeistenteller mit Gemüsesticks zu. Wir belegen zusammen Mini-Pizza (Seite 94/95), rollen Sushi (Seite 108/109) oder schneiden Gemüse in Spiralform (Seite 116/117). Das gemeinsame Kochen macht uns allen Freude, und die Chance, dass Kinder die selbst zubereitete Kreation dann auch probieren, ist groß. Bei unserer „Kitchen Party" geht es auch mal chaotisch zu, aber das ist in Ordnung. Wenn es unter der Woche mit dem Familien-Kochen nicht klappt, dann kochen wir spätestens am Wochenende zusammen.

LECKER UND UNKOMPLIZIERT

Die abschließende Mahlzeit des Tages zelebrieren wir gerne alle zusammen. Nach einem langen Tag darf die Zubereitung trotzdem nicht zu aufwändig sein. Ich greife deshalb unter der Woche auf Basics wie das Fladenbrot aus der Pfanne (Seite 88/89) oder ein wärmendes Kichererbsen-Blumenkohl-Curry (Seite 114/115) zurück. Während Gerichte wie der Blumenkohl-Pasta-Auflauf (Seite 90/91) oder das Ofengemüse (Seite 104/105) im Backofen sind, nutzen wir die Zeit, um gemeinsam den Tisch zu decken und Erlebnisse aus dem Alltag der Kinder zu besprechen.

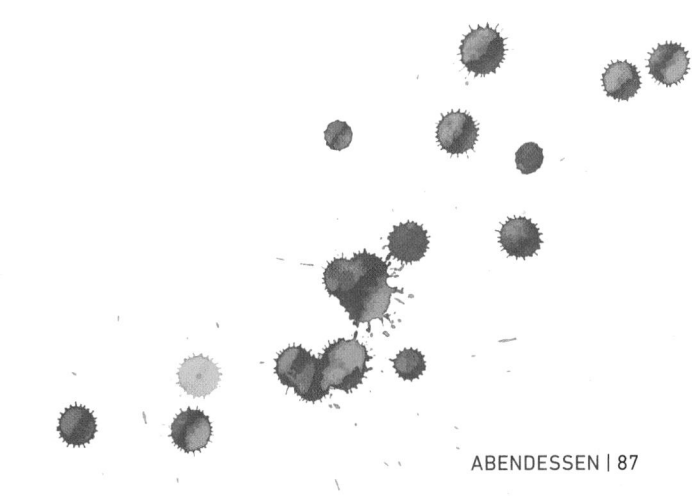

MEINE ABEND-BASICS:
FLADENBROT, GEMÜSE-POMMES UND TOMATENKETCHUP

Diese drei Basic-Rezepte sind super geeignet fürs Abendessen mit der Familie.

SCHNELLES FLADENBROT AUS DER PFANNE

NÄHRWERTANGABEN Pro Portion ca. 140 kcal · 7 g Protein · 22,5 g Kohlenhydrate · 4 g Ballaststoffe · 1,5 g Fett

FÜR 8 STÜCK
300 g Dinkelmehl
2 TL Backpulver
1 TL Salz
250 g Sojajoghurt

ZUM BEPINSELN:
Öl, alternativ flüssige Margarine

1. Die trockenen Zutaten mischen, Sojajoghurt dazugeben und zu einem weichen Teig verkneten. Den Teig zugedeckt für etwa 15 Minuten ruhen lassen.
2. Arbeitsfläche leicht bemehlen, Teig in 8 Stücke teilen und zu dünnen Fladen ausrollen.
3. Eine beschichtete Pfanne erhitzen. Die Teigfladen darin von beiden Seiten für ca. 3 Minuten backen.
4. Das fertige Fladenbrot mit wenig Öl oder flüssiger Margarine bepinseln.

GEMÜSE-POMMES

NÄHRWERTANGABEN Pro Portion ca. 133 kcal · 2 g Protein · 14 g Kohlenhydrate · 3 g Ballaststoffe · 7 g Fett

FÜR 4 PORTIONEN
250 g Kartoffeln
4 Karotten
2 EL Olivenöl
1 TL Salz
1 TL Paprikapulver

1. Backofen auf 200 °C Ober- und Unterhitze vorheizen. Backblech mit Backpapier auslegen.
2. Kartoffeln und Karotten schälen und in längliche Stücke schneiden. In eine Schüssel geben und mit Olivenöl, Salz und Paprikapulver mischen.
3. Pommes auf dem Backblech verteilen und im vorgeheizten Backofen für 10 Minuten backen. Anschließend mit dem Pfannenwender wenden und für weitere 10 Minuten knusprig backen.

TOMATENKETCHUP

NÄHRWERTANGABEN Pro Portion ca. 27 kcal · 0,5 g Protein · 2,5 g Kohlenhydrate · 1 g Ballaststoffe · 1,5 g Fett

FÜR 10 PORTIONEN
400 g gehackte Tomaten aus der Dose
½ rote Zwiebel
1 entsteinte Dattel, z.B. Medjool-Dattel
1 EL Olivenöl
1 TL Paprikapulver
1/2 TL Salz

1. Alle Zutaten in den Mixer geben und cremig pürieren.
2. Ketchup in ein Glas füllen, im Kühlschrank lagern und innerhalb von 3 Tagen aufbrauchen.

BLUMENKOHL-PASTA-AUFLAUF

Blumenkohl eignet sich als Reisersatz, als Püree und sogar für süße Rezepte. In diesem Auflauf dient er als Basis für eine cremige Sauce.

NÄHRWERTANGABEN Pro Portion ca. 443 kcal · 19 g Protein · 65 g Kohlenhydrate · 12 g Ballaststoffe · 9,5 g Fett

FÜR 4 PORTIONEN
Fett für die Form
1 mittelgroßer Blumenkohl (ca. 600 g)
400 ml ungesüßter Sojadrink
1 TL Salz
1 TL Pfeffer
1/2 TL gemahlene Muskatnuss
350 g Pasta (z. B. Penne)
90 g veganer Reibekäse, alternativ
  Mandelkäse (Seite 54/55)

ZUM SERVIEREN
Frische Kräuter (z. B. Schnittlauch,
  Petersilie, Basilikum)

1. Backofen auf 200 °C Ober- und Unterhitze vorheizen. Eine ofenfeste Auflaufform einfetten.
2. Blumenkohl waschen und in Röschen teilen. Blumenkohlröschen und Sojadrink in einen Topf geben und bei kleiner Hitze zugedeckt für ca. 10 Minuten köcheln lassen, bis der Blumenkohl weich ist. Mit Salz, Pfeffer und Muskat würzen und zu einer cremigen Sauce pürieren.
3. Pasta in reichlich Salzwasser nach Packungsanleitung bissfest kochen. Abgießen und mit der Blumenkohlsauce und der Hälfte des Käses vermischen.
4. Die Pasta in der Auflaufform verteilen und mit dem restlichen Käse bestreuen.
5. Pasta-Auflauf im vorgeheizten Backofen auf der mittleren Schiene für etwa 20 Minuten überbacken. Herausnehmen und leicht abkühlen lassen.
6. Kräuter hacken, den Auflauf damit bestreuen und servieren.

KÜCHENTIPP *Den Auflauf vor dem Backen saisonal mit Radieschen oder grünen Spargelstücken verfeinern.*

BROKKOLI-ERBSEN-PASTA

Diese Pasta ist einfach zubereitet und eine tolle Abwechslung zu Tomatensauce. Ich verwende auch den Brokkolistrunk, der püriert eine cremige Sauce ergibt.

NÄHRWERTANGABEN Pro Portion ca. 516 kcal · 21 g Protein · 70 g Kohlenhydrate · 16 g Ballaststoffe · 14 g Fett

FÜR 4 PORTIONEN

1 großer Brokkoli (ca. 600 g)
1 Zwiebel
2 EL Olivenöl
1 Zitrone
Salz
350 g Pasta (z. B. Fusilli)
200 g gefrorene Erbsen
2 EL Tahini

1. Brokkoli in kleine Röschen teilen. Den Strunk schälen und in grobe Stücke schneiden. Zwiebel schälen und klein schneiden.

2. Olivenöl in einer Bratpfanne erhitzen. Zwiebeln darin goldbraun anbraten, Brokkoliröschen dazugeben. Für 5 Minuten dünsten. In der Zwischenzeit Zitronenschale abreiben und anschließend mit der Hälfte der Erbsen dazugeben. Weitere 5 Minuten garen. Mit etwas Salz würzen.

3. Einen großen Topf mit Salzwasser erhitzen und die Pasta und den Strunk dazugeben. Pasta bissfest kochen und abgießen, dabei rund 100 ml Kochwasser für die Sauce auffangen. Pasta zum Brokkoli geben.

4. Brokkolistrunk, die restlichen Erbsen, Tahini, ausgepressten Zitronensaft und das Kochwasser pürieren.

5. Pasta mit Brokkoli auf einem Teller anrichten und mit der Sauce servieren.

KÜCHENTIPP *Anstelle der Erbsen Kichererbsen verwenden. Nach Belieben mit angebratenen Sonnenblumen- oder Kürbiskernen garnieren.*

BUNTE MINI-PIZZAS

Meine Mini-Pizzas kommen immer gut an! Ich bereite den Teig vor, und meine Familie kann die Pizzas nach Belieben mit Toppings belegen.

NÄHRWERTANGABEN Pro Stück ca. 222 kcal · 7,5 g Protein · 31 g Kohlenhydrate · 5,5 g Ballaststoffe · 6,5 g Fett

FÜR 10 STÜCK
250 g Vollkornmehl
250 g Dinkelmehl
10 g Salz
10 g frische Hefe

TOPPINGS
3 EL Tomatenketchup (Seite 88/89)
3 EL Olivenöl
Gemüsescheiben (z. B. Kürbis,
  Rote Bete)
Artischockenherzen aus der Dose
50 g veganer Reibekäse, alternativ
  Mandelkäse (Seite 54/55)

ZUM GARNIEREN
Rucola, frische Kräuter, Walnüsse

1. Mehlsorten und Salz in einer Rührschüssel mischen. Hefe dazubröckeln und untermischen. 300 ml lauwarmes Wasser beigeben und alles für rund 10 Minuten zu einem weichen Teig verkneten. Teig zugedeckt für 2 Stunden gehen lassen.
2. Backofen auf 260 °C Ober- und Unterhitze vorheizen. 2 Backbleche mit Backpapier auslegen.
3. Den Teig in 10 Portionen à 80 g aufteilen. Teigstücke auf der leicht bemehlten Arbeitsfläche dünn ausrollen.
4. Teigböden auf die Backbleche verteilen und nach Belieben dünn mit Tomaten-ketchup oder Olivenöl bestreichen. Die Pizzas beliebig mit Gemüse und Käse belegen.
5. Pizzas auf der untersten Schiene für 10 bis 12 Minuten knusprig backen. Heraus-nehmen und vor dem Servieren mit Rucola, frischen Kräutern oder Walnüssen garnieren.

KÜCHENTIPP *Die Pizzas mit Hummus bestreichen und die Toppings saisonal variie-ren. Mini-Pizzas sind auch perfekt für Gäste.*

CHILI SIN CARNE

Dieses Chili ist gesund und schnell mit Zutaten aus dem Vorrat zubereitet. Für den Biss koche ich etwas Bulgur mit und mische verschiedene Bohnensorten.

NÄHRWERTANGABEN Pro Portion ca. 463 kcal · 21 g Protein · 57 g Kohlenhydrate · 23 g Ballaststoffe · 9 g Fett

FÜR 4 PORTIONEN

1 Zwiebel

2 EL Olivenöl

800 g gehackte Tomaten aus der Dose

2 Karotten

140 g Bulgur

2 TL mildes Chilipulver

800 g Bohnen aus der Dose (z. B. Kidneybohnen, weiße und schwarze Bohnen)

1 TL Salz

Pfeffer

ZUM SERVIEREN

Reis, alternativ Fladenbrot (S. 88/89)

1. Zwiebel schälen und klein schneiden. Öl in einer großen Bratpfanne erhitzen und die Zwiebel darin anbraten.

2. Gehackte Tomaten aus der Dose dazugeben, Dosen anschließend zur Hälfte mit Wasser füllen, kurz schwenken und das Wasser dazugießen.

3. Karotten schälen und fein reiben. Bulgur, geriebene Karotten, Chilipulver und Salz in die Pfanne geben. Umrühren und für 15 bis 20 Minuten bei mittlerer Hitze köcheln lassen.

4. Bohnen dazugeben, umrühren und für weitere 5 Minuten köcheln lassen. Das Chili mit Salz und Pfeffer abschmecken

5. Chili auf 4 Tellern verteilen und nach Belieben mit Reis oder Fladenbrot servieren.

KÜCHENTIPP *Für ein noch feineres Aroma 3 gehackte Chilischoten und 2 EL Ahornsirup beigeben.*

PROTEIN-BURGER

Für meinen Burger greife ich auf proteinreiche Zutaten wie Bohnen, Quinoa und Kichererbsen-Mehl zurück.
Durch die Rote Bete sehen sie „fleischig" aus und haben eine tolle Konsistenz.

NÄHRWERTANGABEN Pro Pattie ca. 136 kcal · 7,5 g Protein · 19 g Kohlenhydrate · 4,5 g Ballaststoffe · 2 g Fett

FÜR 8 STÜCK

300 g Kidneybohnen aus der Dose
200 g gekochte Quinoa, alternativ
 Bulgur oder Hirse
200 g gegarte Rote Bete
100 g Kichererbsen-Mehl
1 TL Salz
1 TL Pfeffer
1 EL Olivenöl

ZUM FERTIGSTELLEN

8 Burgerbrötchen oder Weggli
 (Seite 132/133)
Tomatenketchup (Seite 88/89),
 Hummus (Seite 54/55),
 Babyspinatblätter

1. Alle Zutaten für die Burger-Patties in den Mixer geben und zu einer stückigen Masse zerkleinern. Alternativ die Bohnen mit dem Kartoffelstampfer zerdrücken und die Roten Beten sehr klein schneiden.

2. Aus der Masse mit einem Eiskugel-Portionierer oder einem Löffel gleichmäßige Portionen abnehmen und zu Bratlingen formen. Das funktioniert gut mit leicht befeuchteten Händen. Die Bratlinge für eine 1 Stunde kühl stellen.

3. In einer Grillpfanne das Öl erhitzen und die Burger-Patties von beiden Seiten bei mittlerer Hitze anbraten.

4. Brötchen halbieren und kurz mit den Schnittflächen in der Grillpfanne toasten.

5. Brötchen nach Belieben mit etwas Hummus bestreichen und mit Babyspinat belegen. Burger-Patties daraufsetzen, mit Ketchup garnieren und die zweite Hälfte des Brötchens obenaufsetzen.

KÜCHENTIPP *Die geformten Patties lassen sich im Kühlschrank etwa 2 Tage lagern und auch gut einfrieren.*

POLENTA MIT SPARGELGEMÜSE

Diese Polenta ist die ideale Beilage zu Gemüse und Pilzen. Ein herrliches Wohlfühlgericht, das schnell gemacht ist.

NÄHRWERTANGABEN Pro Portion ca. 445 kcal · 17 g Protein · 48 g Kohlenhydrate · 12 g Ballaststoffe · 18 g Fett

FÜR 2 PORTIONEN
600 ml Gemüsebouillon
150 g feiner Maisgrieß (Polenta)
125 ml Sojadrink
1 TL pflanzliche Margarine
500 g grüner Spargel
250 g Champignons
2 EL Öl
1/2 TL Salz
½ TL Pfeffer

ZUM ANRICHTEN
Frische Petersilie, Erdbeeren

1. Gemüsebouillon in einem Topf zum Kochen bringen. Maisgrieß mit einem Schneebesen einrühren. Für 5 Minuten unter Rühren köcheln lassen, bis die Polenta eindickt.
2. Sojadrink und Margarine unterrühren. Topf vom Herd nehmen und die Polenta zugedeckt für 15 Minuten quellen lassen.
3. Spargel waschen, im unteren Drittel schälen und in Stücke schneiden. Champignons mit einem feuchten Tuch reinigen und in Scheiben schneiden.
4. Öl in einer Pfanne erhitzen, Spargel zugeben und unter Rühren für etwa 5 Minuten andünsten.
5. Champignons hinzufügen und für weitere 5 Minuten unter Rühren anbraten. Mit Salz und Pfeffer würzen.
6. Polenta und Spargelgemüse auf 2 Teller aufteilen. Petersilie hacken, Erdbeeren klein schneiden und das Gericht damit garnieren.

KÜCHENTIPP *Knoblauch zusammen mit dem Spargel anbraten und mit Kurkuma oder Curry verfeinern.*

KARTOFFELGNOCCHI

Kartoffelgnocchi schmecken Sommer wie Winter wunderbar! Für das typische Rillenmuster werden sie über den Rücken einer Gabel gerollt.

NÄHRWERTANGABEN Pro Portion ca. 444 kcal · 15 g Protein · 83 g Kohlenhydrate · 14 g Ballaststoffe · 2 g Fett

FÜR 4 PORTIONEN
1 kg mehligkochende Kartoffeln
270–300 g helles Dinkelmehl
½ TL Salz

ZUM FERTIGSTELLEN
2 EL Olivenöl
Salz
Pfeffer
Gebratenes Gemüse, Kräuter,
 Pilz-Bolognese (Seite 112/113)

1. Kartoffeln mit der Schale in Salzwasser in etwa 20 Minuten weich kochen.
2. Kartoffeln abtropfen, halbieren und noch warm durch eine Kartoffelpresse oder Flotte Lotte auf die Arbeitsfläche drücken.
3. Mehl und Salz auf die Kartoffelmasse sieben und von Hand zu einer homogenen Masse verkneten. Mit 270 g Mehl beginnen und, wenn der Kartoffelteig noch zu weich ist, das restliche Mehl einarbeiten, bis der Teig nicht mehr an den Händen klebt.
4. Kartoffelteig in 6 Portionen teilen und diese auf wenig Mehl in finderdicke Rollen formen.
5. Aus den Rollen mit einem Messer kleine Stücke schneiden. Die Teigstücke auf der bemehlten Arbeitsfläche mit einer Gabel in die typische Gnocchiform drücken.
6. Gnocchi portionenweise in reichlich Salzwasser für 2 bis 3 Minuten ziehen lassen, bis sie an die Oberfläche steigen. Mit einer Schaumkelle herausnehmen und abtropfen lassen.
7. Olivenöl in einer Bratpfanne erhitzen und die Gnocchi vor dem Servieren kurz anbraten. Mit Salz und Pfeffer würzen und mit Beilagen nach Wahl servieren.

KÜCHENTIPP *Basisteig mit saisonalen Zutaten wie Bärlauch, Spinat oder Kürbis verfeinern.*

BUNTES OFENGEMÜSE

Backofengemüse gibt es bei uns in Variationen das ganze Jahr hindurch. Mit wenigen Zutaten und geringem Aufwand ist schnell ein gesundes Gericht auf dem Tisch.

NÄHRWERTANGABEN Pro Portion ca. 308 kcal
9,5 g Protein · 44 g Kohlenhydrate · 11 g Ballaststoffe · 8 g Fett

FÜR 4 PORTIONEN
4 Kartoffeln (z. B. 2 normale und 2 Süßkartoffeln) | 4 Karotten | 2 Zwiebeln | 1 Maiskolben
1 Zucchini | 1 Brokkoli | 2 EL Olivenöl 1 TL grobes Salz
ZUM SERVIEREN
Hummus (Seite 54/55), Tomatenketchup (Seite 88/89)

1. Backofen auf 180 °C Umluft (200 °C Ober- und Unterhitze) vorheizen. Backblech mit Backpapier auslegen.
2. Kartoffeln mit Schale waschen und in Würfel schneiden. Karotten und Zwiebeln schälen und zusammen mit dem restlichen Gemüse in Würfel schneiden.
3. Gemüse mit Olivenöl und Salz auf dem Backblech verteilen und gut durchmischen.
4. Gemüse für 30 bis 40 Minuten im Ofen backen. Während des Backens optional einmal wenden, damit es gleichmäßig knusprig wird.
5. Herausnehmen, auf 4 Teller verteilen und nach Belieben mit Hummus oder Tomatenketchup servieren.

KÜCHENTIPP *Ofengemüse gegen Ende der Backzeit mit Mandelkäse (Seite 54/55) und Walnüssen oder Granatapfelkernen verfeinern.*

KÜRBISRISOTTO

Nach einem langen Tag ist meine Familie sofort am Tisch, wenn es Risotto gibt, denn dieses Gericht schmeckt einfach allen.

NÄHRWERTANGABEN Pro Portion ca. 434 kcal · 9 g Protein · 69 g Kohlenhydrate · 8 g Ballaststoffe · 14 g Fett

FÜR 4 PORTIONEN
500 g Butternusskürbis
2 EL Olivenöl
½ TL Salz
1 rote Zwiebel
300 g Vollkorn-Rundkornreis
 oder Risottoreis
1 l Gemüsebouillon
2 EL Mandelmus,
 alternativ Margarine
Salz
Pfeffer

ZUM SERVIEREN
Salbeiblätter

1. Backofen auf 180 °C Ober- und Unterhitze vorheizen. Backblech mit Backpapier auslegen.
2. Butternusskürbis in Stücke schneiden. Kürbisstücke auf das Backblech geben, 1 EL Olivenöl und Salz darauf verteilen und für 20 Minuten backen.
3. Zwiebel schälen und fein hacken. Restliches Olivenöl in einem Kochtopf erhitzen, Zwiebel dazugeben und andämpfen.
4. Reis in ein Sieb geben und mit Wasser abspülen (nicht bei Risottoreis). Reis zur Zwiebel geben und unter Rühren glasig dünsten.
5. Gemüsebouillon unter Rühren nach und nach dazugießen, sodass der Reis immer leicht mit Flüssigkeit bedeckt ist. Risotto unter häufigem Rühren für rund 25 Minuten köcheln lassen, bis der Reis bissfest ist.
6. Kurz bevor der Reis fertig ist, das Mandelmus unterrühren. Kürbisstücke aus dem Backofen unter das Risotto mischen.
7. Mit Salz und Pfeffer abschmecken. Salbei hacken und auf dem Risotto anrichten.

KÜCHENTIPP *Je nach Reissorte können die Kochzeit und die benötigte Flüssigkeit leicht variieren.*

SUSHIROLLS

Sushi selber machen ist einfach und so lecker. Kinder unbedingt in die Zubereitung einbeziehen, dann mögen sie die Sushirolls.

NÄHRWERTANGABEN Pro Portion ca. 620 kcal · 12 g Protein · 114 g Kohlenhydrate · 8 g Ballaststoffe · 12 g Fett

FÜR 4 PORTIONEN
500 g Sushireis
6 EL Essig, alternativ Reisessig
2 TL Salz
2 TL Zucker

FÜLLUNG
3 Karotten
100 g grüne Bohnen
1 Gurke
2 Avocados

ZUM ROLLEN
8 Nori-Blätter
Sushimatte

ZUM SERVIEREN
Sojasauce, Wasabi, Edamame

1. Sushireis mit kaltem Wasser waschen, bis das Wasser klar bleibt. Abtropfen lassen und mit 600 ml Wasser aufkochen. Hitze reduzieren und den Reis etwa 10 Minuten quellen lassen.
2. Essig, Salz und Zucker gut mischen. Den Reis in eine Holzschüssel geben und vorsichtig mit der Essig-Mischung aromatisieren, dann vollständig auskühlen lassen.
3. Karotten schälen und in längliche Stücke schneiden. In einem Topf mit Wasser zusammen mit den grünen Bohnen in 10 Minuten bissfest garen. Gurke schälen, entkernen und in längliche Stücke schneiden. Avocados entkernen und ebenfalls in längliche Stücke schneiden.
4. Das erste Nori-Blatt mit der rauen Seite nach oben auf die Sushimatte legen. Reis mit feuchten Händen großflächig auf dem Nori-Blatt verteilen. Dabei am oberen Ende ca. 2 cm frei lassen.
5. Im unteren Drittel Gurke, Avocado, Karotten und Bohnen nach Belieben längs verteilen.
6. Alles von unten mit leichtem Druck einrollen. Das Nori-Blatt am oberen Ende mit einem feuchten Finger benetzen und fertig aufrollen. Mit den weiteren Nori-Blättern genauso verfahren.
7. Sushirollen als Ganzes genießen oder mit einem scharfen Messer in 3 cm dicke Scheiben schneiden. Die Rollen pur oder mit Wasabi, Sojasauce und Edamame genießen.

KÜCHENTIPP *Um den Proteingehalt zu erhöhen, gebratene Tofustücke einrollen und ein Drittel des Reises durch Quinoa ersetzen.*

KNACKIGE SUMMERROLLS

Beim Befüllen dieser leckeren Rollen sind der Fantasie keine Grenzen gesetzt.

NÄHRWERTANGABEN Pro Portion ohne Sauce ca. 278 kcal · 4 g Protein · 35 g Kohlenhydrate · 10 g Ballaststoffe · 11 g Fett

FÜR 4 PORTIONEN
250 g Rotkraut
5 Karotten (300 g)
100 g Babyspinat
2 Avocados
4 Stangen Staudensellerie (250 g)

ZUM ROLLEN
1 Packung Reisblätter (20 Blatt)

SAUCE OPTIONAL
3 EL Erdnussbutter
1 EL Sojasauce
1 EL Ahornsirup

1. Gemüse nach Bedarf waschen, Karotten und Avocados schälen und alles in gleich große Stücke schneiden.
2. Wasser in eine tiefe Schüssel geben. Ein Reisblatt für 15 bis 30 Sekunden ins Wasser tauchen, abtropfen lassen und auf eine saubere Arbeitsfläche oder ein Schneidebrett legen.
3. Reisblatt mit vorbereiteten Zutaten nach Wahl im unteren Drittel waagrecht belegen. Dabei auf jeder Seite ca. 4 bis 5 cm frei lassen. Zum Rollen die Seiten des Blattes über die Füllung falten, dann von unten her aufrollen.
4. Erdnussbutter, Sojasauce und Ahornsirup mit 6 EL Wasser mit einem Schneebesen zu einer glatten Sauce verrühren. Nach Belieben mehr Wasser beigeben.
5. Summerrolls zusammen mit der Sauce servieren.

KÜCHENTIPP *Auch als Dessert gefüllt mit Erdbeeren oder Kiwi und geschmolzener dunkler Schokolade als Dip sehr lecker!*

PILZBOLOGNESE

Diese Pilzsauce ist gesund, kalorienarm und reich an Ballaststoffen.

NÄHRWERTANGABEN Pro Portion ca. 82 kcal · 3,5 g Protein · 7 g Kohlenhydrate · 3,5 g Ballaststoffe · 4 g Fett

FÜR 4 PORTIONEN

2 Karotten

1 kleine Zwiebel

250 g braune Champignons

1 EL Olivenöl

400 g gehackte Tomaten
   aus der Dose

2 EL Tomatenmark

1 TL Paprikapulver

1 TL Salz

1 TL Pfeffer

ZUM SERVIEREN

Spaghetti, Zoodles (Seite 116/117)
   oder Polenta

1. Karotten und Zwiebel schälen, im Mixer klein häckseln oder optional in sehr kleine Stücke schneiden.
2. Champignons mit einem feuchten Tuch reinigen. Im Mixer stückig zerkleinern oder optional in sehr kleine Stücke schneiden.
3. Olivenöl in einer Pfanne erhitzen, gehäckseltes Gemüse und Champignons dazugeben und unter Rühren anbraten.
4. Gehackte Tomaten dazugeben, die Dose zur Hälfte mit Wasser füllen, schwenken und das Wasser in die Pfanne füllen.
5. Tomatenmark hinzufügen, mit Paprikapulver, Salz und Pfeffer würzen, umrühren und für 10 Minuten köcheln lassen.
6. Pilzbolognese nach Belieben zu Spaghetti, Zoodles oder Polenta servieren.

KÜCHENTIPP *Für etwas Schärfe 1 Chilischote mitbraten und am Ende mit Chiliflocken dekorieren.*

KICHERERBSEN-BLUMENKOHL-CURRY

Schmeckt herrlich nach einem langen Tag. Die Kichererbsen im Curry sorgen für reichlich gesunde Ballaststoffe und Protein.

NÄHRWERTANGABEN Pro Portion ca. 466 kcal · 14 g Protein · 31 g Kohlenhydrate · 15 g Ballaststoffe · 29 g Fett

FÜR 4 PORTIONEN

1 mittelgroßer Blumenkohl (ca. 600 g)
1 rote Zwiebel
2 EL Öl
3 EL Currypulver
400 ml cremige Kokosmilch
500 g gekochte Kichererbsen aus
 der Dose
1 TL Salz
1 TL Pfeffer

ZUM SERVIEREN

Jasminreis, frischer Koriander,
 Limettenscheiben

1. Blumenkohl waschen und in Röschen teilen. Zwiebel schälen und fein hacken.

2. Öl in einem Topf erhitzen und die Zwiebel darin anbraten. Blumenkohl hinzugeben und weitere 5 Minuten anbraten. Currypulver, Kokosmilch und etwa 200 ml Wasser hinzufügen. Mit geschlossenem Deckel bei geringer bis mittlerer Hitze ungefähr 10 Minuten köcheln lassen.

3. Kichererbsen dazugeben und ohne Deckel weitere 5 Minuten köcheln lassen. Mit Salz und Pfeffer würzen und vor dem Servieren nochmals abschmecken.

4. Curry mit Jasminreis anrichten. Nach Belieben mit frischem Koriander und Limettenscheiben garnieren.

KÜCHENTIPP *2 gehackte Knoblauchzehen mit der Zwiebel anbraten und 1 gehackte Chilischote beigeben. Mit etwas Kokosjoghurt servieren.*

ZOODLES MIT LINSENBOLOGNESE

Zucchininudeln sind eine leckere Alternative zu Pasta und liefern kombiniert mit Linsen reichlich Proteine und Ballaststoffe.

NÄHRWERTANGABEN Pro Portion ca. 281 kcal · 14 g Protein · 27 g Kohlenhydrate · 8 g Ballaststoffe · 11 g Fett

FÜR 4 PORTIONEN

1 Zwiebel

3 EL Olivenöl

170 g rote Linsen

800 g gehackte Tomaten
  aus der Dose

3 EL Tomatenmark

1 TL Salz

1 TL Pfeffer

1 TL getrocknete italienische
  Kräuter

4 Zucchini

1. Zwiebel schälen und fein hacken. 2 EL Olivenöl in einem Topf erhitzen und die gehackte Zwiebel darin andünsten.

2. Linsen in einem Sieb mit Wasser abspülen und in den Topf geben, kurz mitdünsten. Gehackte Tomaten, Tomatenmark, Salz, Pfeffer und Kräuter dazugeben. Unter gelegentlichem Rühren für etwa 20 Minuten köcheln lassen. Mit Salz und Pfeffer abschmecken.

3. Zucchini waschen und trocken tupfen. Mit einem Spiralschneider zu Zucchininudeln bzw. Zoodles verarbeiten.

4. Das restliche Öl in einer Pfanne erhitzen. Zucchininudeln in die Pfanne geben und kurz erwärmen.

5. Zoodles mit der Linsenbolognese anrichten und servieren.

KÜCHENTIPP *Anstelle von Zucchini Gemüsenudeln aus Karotten oder Süßkartoffeln zubereiten.*

Gesundes Essen für Unterwegs

GESUNDE SNACKS FÜR UNTERWEGS

Meine Familie und ich sind oft unterwegs – sei es in der Schule, bei der Arbeit oder auf Ausflügen und Reisen. Damit wir auch außer Haus gut und gesund essen, packe ich gerne Snacks ein. In diesem Kapitel findet ihr meine liebsten Rezepte für unterwegs.

TIPPS FÜR ESSEN UNTERWEGS

Außer Haus ist es oft nicht so einfach, die gewohnte Ernährung beizubehalten. Statt auf fertige Produkte aus dem Supermarkt oder Take-away zurückzugreifen, habe ich mir angewöhnt, unseren eigenen Proviant einzupacken. Snacks selbst zuzubereiten ist gesünder und auch preiswerter. Mit einfachen Rezepten und etwas Planung entwickelt sich schnell eine Routine, sodass sich der Mehraufwand in Grenzen hält.

AUFBEWAHRUNGSBEHÄLTER

Ich besitze mittlerweile einige unterschiedlich große Aufbewahrungsbehälter für Lebensmittel, verschiedene Wasserflaschen sowie Thermobehälter für Kaffee oder Suppen. Für Sandwiches, Wraps und Muffins nutze ich größere Behälter und kleinere für Snacks oder Dips. Mein Favorit sind Dosen aus Edelstahl mit herausnehmbarer Trennwand und einem auslaufsicheren Deckel. Außerdem verwende ich gerne Glasbehälter mit Deckel für Chiapudding (Seite 36/37) oder Dressings (Seite 54/55). Ebenfalls empfehlenswert sind wiederverwendbare Beutel aus Silikon. Sie sind leicht, auslaufsicher und passen durch die flexible Form in jede Tasche.

VORAUSPLANEN

Ich plane gern im Voraus und bereite Snacks häufig schon am Vorabend zu, wie zum Beispiel Müsliriegel (Seite 124/125), Proteinbällchen (Seite 128/129), Weggli (Seite 132/133) oder Overnight Oats (Seite 42/43) im Schraubglas. Auch Reste wie übriggebliebene Kartoffeln, Nudeln oder Getreide werfe ich nicht weg, sondern verwende sie als Zugabe für Wrap-Füllungen.

KOMBINIEREN UND MITNEHMEN

Für die Lunchbox kombiniere ich gerne verschiedene Komponenten wie Hummus (Seite 54/55), Falafeln (Seite 60/61) oder Vollkorn-Tortilla-Wraps (Seite 136/137) zu gesunden Gerichten. Von geeigneten Rezepten bereite ich gleich eine größere Menge zu, damit ich am nächsten Tag etwas mitnehmen kann.

FRISCH UND KNACKIG

Für unterwegs wähle ich Lebensmittel aus, die auch ohne Kühlung haltbar sind. So eignet sich Rohkost wie Karotten-, Gurken- oder Paprikasticks besonders gut. Auch ein ganzes Stück Obst wie ein Apfel, eine Birne, eine Mandarine oder Aprikose ist ideal zum Mitnehmen. Praktisch sind auch Mango-Kokos-Bliss-Balls (Seite 130/131), Trockenfrüchte, Nüsse oder Dinkelcracker (Seite 134/135).

FINGERFOOD

Gerichte für unterwegs sollten leicht zu essen sein, damit man nicht immer Besteck dabeihaben muss. Ideal sind Snacks, die sich gut halten lassen und mit den Fingern gegessen werden können wie Gemüsesticks, festes Obst, Haferflockencookies (Seite 122/123), Sandwiches oder Wraps (Seite 136/137). Dressings und Dips sollten möglichst dickflüssig sein wie etwa Hummus (Seite 54/55) – dann läuft nichts aus und es gibt keine unschönen Flecken.

VIEL TRINKEN

Unterwegs achte ich auf genügend Flüssigkeit. Bevor es losgeht, fülle ich für jedes Familienmitglied eine Wasserflasche, welche wir außer Haus dann auch wieder nachfüllen.

GESUNDE HAFERFLOCKEN-COOKIES

Diese Cookies sind auch für Kinder ideal, als gesündere Alternative zu normalen Keksen.

NÄHRWERTANGABEN Pro Stück ca. 86 kcal
2,5 g Protein · 10 g Kohlenhydrate · 2,5 g Ballaststoffe · 3 g Fett

FÜR 15 STÜCK
2 reife Bananen | 160 g Haferflocken
2 EL Mandelmus | 2 EL Chiasamen | 30 g dunkle
Schokolade, mindestens 80 % Kakaoanteil

1. Backofen auf 180 °C Ober- und Unterhitze
   vorheizen. Backblech mit Backpapier auslegen.
2. Bananen schälen und mit einer Gabel zerdrücken. In eine Schüssel geben und mit den
   Haferflocken, Mandelmus und Chiasamen
   vermischen.
3. Teig portionsweise auf dem Backblech verteilen. Schokolade in kleine Stücke brechen
   und auf den Cookies verteilen.
4. Die Cookies im vorgeheizten Backofen auf
   der mittleren Schiene für 20 Minuten goldbraun backen.

KÜCHENTIPP *Mit Erdnussmus zubereiten
oder die Schokolade durch Rosinen ersetzen.
Die Cookies eignen sich zum Einfrieren.*

KNUSPRIGE MÜSLIRIEGEL

Diese Riegel sind die perfekten Energielieferanten für unterwegs, die Schule oder lange Arbeitstage. Haferflocken und Nüsse liefern wichtige Nähr- und Ballaststoffe.

NÄHRWERTANGABEN Pro Stück ca. 166 kcal · 3 g Protein · 14,5 g Kohlenhydrate · 2 g Ballaststoffe · 10 g Fett

FÜR 20 STÜCK

80 g Pekannüsse

250 g Haferflocken

70 g getrocknete Cranberrys

70 g Sonnenblumenkerne

1/2 TL Salz

125 ml Ahornsirup, alternativ
  Reissirup

100 ml Sonnenblumenöl, alternativ
  Kokosöl

1. Backofen auf 160 °C Ober- und Unterhitze vorheizen. Rechteckige Backform von ca. 32 x 24 cm mit Backpapier auslegen.
2. Die Pekannüsse grob hacken. Trockene Zutaten in eine Schüssel geben und mischen.
3. Ahornsirup und Sonnenblumenöl zu den trockenen Zutaten geben und alles gut miteinander vermischen.
4. Die Masse gleichmäßig in der Backform verteilen und von Hand oder mit dem Teigschaber gut andrücken. Im vorgeheizten Backofen für etwa 35 Minuten backen.
5. Herausnehmen und die warme Masse nochmals fest anpressen. Vollständig abkühlen lassen, anschließend in rechteckige oder quadratische Riegel schneiden.

KÜCHENTIPP *Grobe und feine Haferflocken mischen. Die Riegel sind rund 2 Wochen haltbar und eignen sich zum Einfrieren.*

TRAUMHAFTE HIMBEER-HAFER-FLOCKENRIEGEL

Einfach gemacht und richtig gesund! Als Füllung verwende ich die selbst gemachte Chia-Marmelade (Seite 18/19).

NÄHRWERTANGABEN Pro Stück ca. 188 kcal · 4 g Protein · 18 g Kohlenhydrate · 3,5 g Ballaststoffe · 10 g Fett

FÜR 16 STÜCK

250 g Haferflocken, alternativ
  Hafermehl
100 g Sonnenblumenkerne
¼ TL Salz
120 g ungezuckertes Apfelmus
100 ml Ahornsirup
100 ml flüssiges Kokosöl

FÜLLUNG

330 g Chia-Marmelade mit
  Himbeeren

1. Backofen auf 180 °C Ober- und Unterhitze vorheizen. Backform von etwa 20 x 20 cm mit Backpapier auslegen.
2. Haferflocken, Sonnenblumenkerne und Salz in den Mixer geben und grob zerkleinern. Bei Hafermehl nur die Sonnenblumenkerne fein hacken.
3. Die gemahlene Haferflocken-Sonnenblumenkern-Mischung in eine Schüssel geben. Apfelmus, Ahornsirup und Kokosöl dazugeben und alles zu einem krümeligen Teig vermengen.
4. 2/3 der Masse gleichmäßig in der Form verteilen und gut andrücken. Boden im vorgeheizten Backofen für 15 Minuten backen.
5. Boden herausnehmen und leicht abkühlen lassen. Chia-Marmelade darauf verstreichen, restlichen Haferflocken-Teig als Streusel obenauf verteilen.
6. Himbeer-Haferflockenriegel im vorgeheizten Backofen für ca. 40 Minuten backen. Herausnehmen, vollständig auskühlen lassen und in rechteckige oder quadratische Riegel schneiden.

KÜCHENTIPP *Die Chia-Marmelade mit Heidelbeeren zubereiten. Die Riegel eignen sich bestens zum Einfrieren.*

PROTEIN-BÄLLCHEN OHNE MIXER

Diese leckeren Kugeln sind der perfekte Snack und lassen sich ganz unkompliziert ohne Mixer zubereiten.

NÄHRWERTANGABEN Pro Stück ca. 117 kcal 5 g Protein · 11 g Kohlenhydrate · 2 g Ballaststoffe · 5 g Fett

FÜR 14 STÜCK

130 g Haferflocken | 60 g veganes Proteinpulver (z. B. Sonnenblumen-Protein) | 1 Prise Salz 45 g dunkle Schokolade, mindestens 80 % Kakaoanteil | 80 g Kürbispüree (gekochter, pürierter Kürbis), alternativ ungezuckertes Apfelmus | 70 g Erdnussbutter | 60 g Reissirup, alternativ Agavendicksaft

1. Haferflocken, Proteinpulver und Salz in eine Schüssel füllen und mischen.
2. Die Schokolade hacken und mit den restlichen Zutaten dazugeben. Alles gut miteinander vermischen. Von der Masse mit einem Löffel kleine Portionen abnehmen und per Hand zu runden Kugeln formen.
3. Die Proteinbällchen für 1 Stunde zum Festwerden in den Kühlschrank stellen.

KÜCHENTIPP *Statt Schokolade gehackte Walnüsse oder getrocknete Cranberrys unterheben. Die Proteinbällchen eignen sich zum Einfrieren.*

MANGO-KOKOS-BLISS-BALLS

Die exotischen Bliss-Balls spenden sofort Energie, ganz ohne weißen Zucker, ohne Nüsse, sind glutenfrei und voller gesunder Ballaststoffe.

NÄHRWERTANGABEN Pro Stück ca. 97 kcal · 1 g Protein · 8,5 g Kohlenhydrate · 2 g Ballaststoffe · 6 g Fett

FÜR 24 STÜCK

200 g getrocknete ungeschwefelte
 Mango
1 Bio-Zitrone
140 g Kokosraspeln
60 g Kokosmehl
40 g Reissirup
3 EL flüssiges Kokosöl

ZUM WÄLZEN
Kokosraspeln

1. Mango mit heißem Wasser übergießen und 30 Minuten einweichen lassen. In der Zwischenzeit von der Bio-Zitrone 2 TL Schale abreiben.
2. Abgetropfte Mangostücke und restliche Zutaten in den Mixer geben und zu einer teigigen Masse zerkleinern.
3. Aus der Masse per Hand Kugeln formen, in Kokosraspeln wälzen und kühl stellen.

KÜCHENTIPP *Die Kugeln sind im Kühlschrank etwa 1 Woche haltbar und lassen sich einfrieren.*

WEICHE SCHWEIZER WEGGLI

Das Weggli hat in der Schweiz Kultstatus! Zu besonderen Anlässen kommt ein Schokostängel ins Weggli.

NÄHRWERTANGABEN Pro Stück ca. 160 kcal · 6 g Protein · 21 g Kohlenhydrate · 4 g Ballaststoffe · 5 g Fett

FÜR 20 STÜCK

700 g helles Dinkelmehl
3 TL Salz
30 g frische Hefe
350 ml zimmerwarmer Sojadrink
100 g pflanzliche Margarine

ZUM BESTREICHEN

3 EL Sojadrink
1 EL Aprikosenmarmelade ohne
  Stücke, alternativ Quittengelee

1. Dinkelmehl in eine Rührschüssel geben und mit dem Salz mischen. Hefe in den Sojadrink bröseln und auflösen.
2. Hefe-Sojadrink-Mischung zum Mehl in die Schüssel füllen und mit dem Knethaken der Küchenmaschine verkneten. Weiche Margarine zum Teig geben. Den Teig für ca. 10 Minuten kräftig kneten, bis er schön elastisch ist.
3. Die Teigschüssel mit einem feuchten Tuch bedecken und für 1 Stunde gehen lassen.
4. Teig auf die Arbeitsfläche geben und 20 Stücke à 60 g abteilen. Die Teigstücke zu Kugeln formen und zugedeckt für 15 Minuten gehen lassen.
5. Für die typische Weggli-Form mit dem Stiel eines Kochlöffels fest in die Mitte der Kugeln drücken, sodass zwei gleiche Hälften entstehen. Weggli auf ein mit Backpapier belegtes Blech legen und für weitere 20 Minuten gehen lassen.
6. Backofen auf 200 °C Ober- und Unterhitze vorheizen.
7. Sojadrink und Aprikosenmarmelade in einer Tasse verrühren und Weggli damit bestreichen. In der Ofenmitte für etwa 15 Minuten backen.

KÜCHENTIPP *Hefeteig am Vortag zubereiten und im Kühlschrank lagern – durch die lange Gehzeit werden die Brötchen besonders fein.*

KNUSPRIGE DINKELCRACKER

Ich packe diese Vollkorncracker gern mit Gemüsesticks und Hummus (Seite 54/55) in eine Lunchbox.

NÄHRWERTANGABEN Pro Stück ca. 32 kcal · 1 g Protein · 3 g Kohlenhydrate · 0,5 g Ballaststoffe · 1,5 g Fett

FÜR ETWA 35 STÜCK
180 g Dinkelvollkornmehl
½ TL Salz
100 ml Pflanzendrink (z. B. Sojadrink)
2 EL Olivenöl

ZUM FERTIGSTELLEN
2 EL Olivenöl
1–2 TL Salz

1. Backofen auf 220 °C Ober- und Unterhitze vorheizen.
2. Vollkornmehl und Salz in eine Schüssel geben und mischen. Pflanzendrink und Olivenöl dazugeben und alles zügig mit dem Teigschaber zu einem Teig verkneten.
3. Teig zwischen zwei Lagen Backpapier dünn ausrollen und auf ein Backblech transferieren. Obere Lage Backpapier abziehen und den Teig mit einem Pizzaroller oder Messer in kleine Cracker schneiden.
4. Teig mit Olivenöl bestreichen und mit Salz bestreuen.
5. Cracker für 12 bis 15 Minuten im Ofen backen. Herausnehmen, auskühlen lassen und auseinanderbrechen.

KÜCHENTIPP *Kräuter wie gehackten Rosmarin unterkneten. Für farbige Cracker statt Pflanzendrink Rote-Bete- oder Karottensaft verwenden.*

VOLLKORN-TORTILLA-WRAPS

Gefüllt mit viel knackigem Gemüse oder Früchten sind die Tortilla-Wraps ideal zum Mitnehmen.

NÄHRWERTANGABEN Pro Stück ohne Füllung ca. 214 kcal · 7 g Protein · 30 g Kohlenhydrate · 5 g Ballaststoffe · 6 g Fett

FÜR 8 STÜCK

400 g Vollkornmehl
1 TL Salz
1 TL Backpulver
3 EL Olivenöl

SÜSSE FÜLLUNG

Selbst gemachte Nutella-
 Variante (Seite 18/19)
1 Banane

HERZHAFTE FÜLLUNG

Hummus (Seite 54/55)
Rucola, geschälte Gurke,
 gekochte Karotte

1. Mehl, Salz und Backpulver in einer Schüssel vermischen. Olivenöl und 240 ml lauwarmes Wasser hinzufügen. Alles verkneten, bis ein glatter Teig entstanden ist. Teig zugedeckt bei Raumtemperatur für 20 Minuten ruhen lassen.

2. Teig in 8 Portionen teilen und diese per Hand zu Kugeln formen. Die Teigkugeln auf einer bemehlten Arbeitsfläche dünn mit dem Nudelholz ausrollen.

3. Eine beschichtete Pfanne erhitzen und die Teigfladen bei mittlerer Hitze von beiden Seiten ca. 30 Sekunden backen. Wenn die Tortillas anfangen Blasen zu werfen, können sie umgedreht werden.

4. Damit die fertigen Tortillas nicht austrocknen, diese nach dem Backen mit einem Küchentuch bedecken.

5. Die Tortillas nach Belieben als süßen oder herzhaften Wrap füllen. Dazu die Banane oder das Gemüse als Variante im Ganzen einrollen und danach in Stücke schneiden.

KÜCHENTIPP *Getrocknete Kräuter unter den Teig mischen. Die Tortillas halten in Backpapier verpackt etwa 2 Tage und lassen sich auch einfrieren.*

APFEL-DINKEL-DONUTS

Diese Variante ohne Frittieren ist schnell gemacht. Wir genießen die Donuts am liebsten frisch in ein wenig Zimt-Zucker gewälzt.

NÄHRWERTANGABEN Pro Stück ca. 250 kcal · 5,5 g Protein · 39 g Kohlenhydrate · 3,5 g Ballaststoffe · 8 g Fett

FÜR 6 STÜCK

Kokosöl zum Einfetten der Form
180 g Dinkelmehl
100 g Rohrzucker
2 TL Backpulver
180 ml Sojadrink
80 g ungezuckertes Apfelmus
4 EL flüssiges Kokosöl

ZUM WÄLZEN

3 EL Rohrzucker
1 TL Zimt

1. Backofen auf 180 °C Ober- und Unterhitze vorheizen. Donutblech mit etwas Kokosöl einfetten.
2. Dinkelmehl, Rohrzucker und Backpulver mischen. Die flüssigen Zutaten dazu-geben und rasch zu einem Teig verarbeiten.
3. Den Teig mit zwei Löffeln oder einem Spritzbeutel auf das Donutblech verteilen.
4. Die Donuts im vorgeheizten Backofen auf der mittleren Schiene für 20 bis 25 Minuten backen.
5. Rohrzucker und Zimt in einem tiefen Teller mischen. Die lauwarmen Donuts in der Mischung wälzen.

KÜCHENTIPP *Der Teig eignet sich auch für 6 saftige Apfel-Dinkel-Muffins und kann mit Apfelstücken und gehackten Walnüssen verfeinert werden.*

RIESEN-SCHOKOSCONES

Die Zubereitung dieser „Riesen-Cookies" macht meinen Kindern großen Spaß. Sie schmecken frisch besonders gut.

NÄHRWERTANGABEN Pro Stück ca. 287 kcal · 7 g Protein · 32 g Kohlenhydrate · 5 g Ballaststoffe · 14 g Fett

FÜR 8 STÜCK

300 g Dinkelmehl

50 g Vollrohrzucker

3 TL Backpulver

1/2 TL Salz

100 g pflanzliche Margarine

150 g Sojajoghurt

50 g dunkle Schokodrops,
   mindestens 80 % Kakaoanteil

ZUM SERVIEREN

Puderzucker

1. Backofen auf 200 °C Ober- und Unterhitze vorheizen. Backblech mit Backpapier auslegen.
2. Dinkelmehl, Vollrohrzucker, Backpulver und Salz in einer Schüssel mischen. Die Margarine in Stücken dazugeben und mit dem Mehl verreiben. Sojajoghurt und Schokodrops hinzufügen und alles rasch zu einem Teig verarbeiten.
3. Den Teig auf einer Arbeitsfläche zu einem flachen, runden Laib von etwa 22 cm formen. Auf das Backblech transferieren und in 8 Stücke schneiden.
4. Scones im vorgeheizten Backofen auf der mittleren Schiene für 20 bis 25 Minuten backen. Herausnehmen und vor dem Servieren mit Puderzucker bestäuben.

KÜCHENTIPP *Anstelle von Schokodrops mit Heidelbeeren oder Cranberrys zubereiten.*

Gesunde Süßigkeiten

Ich liebe Gesundes zum Naschen

DESSERTS UND KUCHEN

Wenn ihr auf meinem Blog mrsflury.com stöbert, merkt ihr schnell, dass ich Desserts und Kuchen liebe und auch bei einer gesunden Ernährung auf keinen Fall darauf verzichten möchte. In diesem Kapitel findet ihr eine Auswahl meiner liebsten süßen Rezepte, die alle einfach gelingen und lecker schmecken.

GESÜNDERE DESSERTS

Ich habe über die Jahre bereits viele gesündere Süßigkeiten und Kuchen entwickelt. Dabei versuche ich, den Zucker auf ein Minimum zu reduzieren oder durch natürliche Alternativen wie Ahornsirup oder Früchte zu ersetzen. Selbst gemachte Kreationen sind immer die bessere Wahl, da in fertigen Produkten oft viel mehr Zucker und Fett stecken als nötig. Ich empfehle euch dennoch, auch weniger süße Kreationen wie etwa die Schoko-Avocado-Creme (Seite 152/153) oder das Bananenbrot (Seite 166/167) bewusst und in Maßen zu genießen und natürliche und hochwertige Zutaten wie Bio-Dinkelmehl, Ahornsirup und Früchte zu verwenden. Durch diesen ausgewogenen Mix aus Proteinen, Kohlenhydraten und Fett werden die Desserts vollwertiger. In der Regel ist man davon bereits nach einer Portion satt und glücklich.

NATÜRLICH SÜSS

Eine tolle Alternative zu raffiniertem Zucker sind Backwaren mit Früchten (Banane, Apfel, Dattel usw.), Gemüse (Avocado, Karotte, Kürbis usw.) oder Hülsenfrüchten, die natürlicherweise Zucker enthalten. In Form des gesunden Gesamtpakets mit wertvollen Nährstoffen und Ballaststoffen wird der Zucker langsamer gespalten und führt zu weniger Schwankungen des Blutzuckerspiegels.

Diese Süßungsmittel verwende ich gerne:
Ahornsirup: nehme ich oft für Kuchen oder Pancakes. Wegen der dunkleren Farbe ist er weniger für helle Teige geeignet.
Reissirup: ist mild im Aroma und perfekt für Cremes oder Desserts.
Süße aus Früchten: super als Belag oder im Teig. Je nach Sorte ist die Süßkraft unterschiedlich.

Bei getrockneten Früchten wie Datteln oder Rosinen ist der Gehalt an natürlichem Fruchtzucker konzentriert.
Rüben-Rohzucker: enthält eine geringe Menge an Mineralien.
Vollrohrzucker: ist nicht raffiniert und enthält deshalb noch Mineralien.
Kokosblütenzucker: ist nicht raffiniert und hat ein karamellartiges Aroma. Auch als flüssige Variante erhältlich. Wegen der dunkleren Farbe weniger für helle Teige geeignet.

VEGAN BACKEN

Viele tierische Zutaten lassen sich ganz einfach durch vegane Alternativen ersetzen, ohne dass man den Unterschied schmeckt:

1 Ei: durch 60 g Apfelmus oder 60 g zerdrückte Banane. Oder 1 EL Chiasamen oder Leinsamen mit 3 EL Wasser mischen und für 10 Minuten quellen lassen. Alternativ 1 EL Kichererbsen-Mehl oder Maisstärke und 2 EL Wasser verrühren.
Milch: durch selbst gemachten Mandeldrink (Seite 18/19), ungesüßten Soja- oder Haferdrink.
Butter: durch pflanzliche Margarine, Nussmus wie Erdnussbutter oder pflanzliches Öl.

LUFTIGE ZIMTSCHNECKEN

Wir lieben diese luftigen Hefeschnecken zum Kaffee! Die veganen Zimtschnecken schmecken immer und sind unglaublich leicht.

NÄHRWERTANGABEN Pro Stück ca. 177 kcal · 5,5 g Protein · 21 g Kohlenhydrate · 4 g Ballaststoffe · 7 g Fett

FÜR 16 STÜCK

500 g Dinkelmehl
1 EL Zucker
1 TL Salz
300 ml Sojadrink
50 g weiche pflanzliche Margarine
1/2 Würfel frische Hefe

FÜLLUNG

80 g weiche pflanzliche Margarine
2 EL Zucker
2 TL Zimt gemahlen
Fett für die Form

ZUM SERVIEREN

Puderzucker

1. Alle Zutaten für den Teig in eine Schüssel geben. Mit dem Knethaken der Küchenmaschine oder von Hand für rund 10 Minuten zu einem elastischen Teig verkneten. Teig zugedeckt für rund 2 Stunden gehen lassen.
2. Hefeteig auf der bemehlten Arbeitsfläche zu einem Rechteck ausrollen.
3. Alle Zutaten für die Füllung glatt verrühren und auf dem Teig verstreichen, dabei einen kleinen Rand frei lassen. Teig von der Längsseite her aufrollen und die Teigrolle in etwa 16 Stück teilen.
4. Backofen auf 180 °C Ober- und Unterhitze vorheizen. Ofenfeste Backform oder Backblech einfetten.
5. Die Hefeschnecken in die Backform oder aufs Blech setzen und nochmals kurz gehen lassen. Im vorgeheizten Backofen bei 180 °C für 25 bis 30 Minuten backen.
6. Die Zimtschnecken schmecken frisch mit etwas Puderzucker bestäubt besonders gut.

KÜCHENTIPP *Als Variante machen sich zusätzlich ein geriebener Apfel, geriebene Nüsse oder Schokolade als Füllung super.*

FRÜCHTE-CRUMBLE MIT HAFERFLOCKEN

Ist schnell gemacht und passt immer. Unter einer knusprigen Haferflockenschicht stecken aromatische Äpfel, und es duftet herrlich bei der Zubereitung.

NÄHRWERTANGABEN Pro Portion ca. 384 kcal · 6,5 g Protein · 43 g Kohlenhydrate · 8 g Ballaststoffe · 19 g Fett

FÜR 4 PORTIONEN

Fett für die Auflaufform
120 g Haferflocken
30 g Kokosblütenzucker
½ TL Zimt
1 Prise Salz
50 g pflanzliche Margarine oder
  Kokosöl
50 g Haselnüsse
2 große säuerliche Äpfel (z. B.
  Braeburn)

1. Backofen auf 180 °C Ober- und Unterhitze vorheizen. Ofenfeste Auflaufform einfetten.
2. Haferflocken, Kokosblütenzucker, Zimt und Salz mischen. Margarine dazugeben und zu Streuseln verkneten.
3. Haselnüsse grob hacken und unterheben. Streusel bis zur Verwendung kühl stellen.
4. Äpfel vierteln, entkernen und in kleine Stücke scheiden. Die Apfelstücke in der Auflaufform verteilen. Die Streusel gleichmäßig darüberstreuen und leicht andrücken.
5. Crumble im vorgeheizten Backofen auf der mittleren Schiene für etwa 25 Minuten backen, bis die Streusel goldbraun sind. Lauwarm servieren.

KÜCHENTIPP *Saisonal mit Beeren oder Aprikosen zubereiten.*

SCHOKOLADIGE BROWNIES

Diese Brownies sind schnell und mit wenigen Zutaten zubereitet. Perfekt für alle Schokoladenliebhaber.

NÄHRWERTANGABEN Pro Portion ca. 160 kcal · 2,5 g Protein · 22 g Kohlenhydrate · 1,5 g Ballaststoffe · 7 g Fett

FÜR 12 STÜCK

Fett für die Auflaufform

180 g Mehl

150 g Zucker (bei mir: 100 g Birken-
  zucker, 50 g Kokosblütenzucker)

35 g Kakaopulver ohne Zucker

3 TL Backpulver

1 Prise Salz

220 ml Sojadrink, alternativ
  Haferdrink

75 g flüssiges Kokosöl

ZUM SERVIEREN

Kakaopulver ohne Zucker oder
  Puderzucker

1. Backofen auf 180 °C Ober- und Unterhitze vorheizen. Backform von ca. 20 cm Durchmesser leicht fetten und mit Backpapier auskleiden.
2. Trockene Zutaten in eine Schüssel geben und mit dem Schneebesen vermischen.
3. Sojadrink und Kokosöl leicht erwärmen, bis das Kokosöl flüssig wird. Zu den trockenen Zutaten geben und mit dem Schneebesen rasch zu einem cremigen Teig verrühren.
4. Teig in das vorbereitete Backblech gießen.
5. Brownie im vorgeheizten Backofen bei 180 °C für 30 bis 35 Minuten backen.
6. Vor dem Servieren mit Kakaopulver oder etwas Puderzucker bestäuben.

KÜCHENTIPP *Für eine glutenfreie Variante Buchweizenmehl verwenden. Zum Verfeinern gehackte Walnüsse oder Schoko-Drops unterheben.*

SCHOKO-AVOCADO-CREME

Genießen mit gutem Gewissen – Avocado und Banane sorgen hier für eine cremige Konsistenz, natürliche Süße und extra Nährstoffe.

NÄHRWERTANGABEN Pro Portion ca. 211 kcal · 3 g Protein · 25 g Kohlenhydrate · 8 g Ballaststoffe · 11 g Fett

FÜR 4 PORTIONEN

2 reife Avocados (ca. 250 g)
2 reife Bananen
½ Zitrone
20 g Kakaopulver ohne Zucker
3 EL Reissirup, alternativ Ahornsirup

ZUM SERVIEREN

gehackte Pistazien, Haselnüsse,
 Kakaonibs

1. Avocados halbieren und entkernen, Fruchtfleisch mit einem Löffel herauslösen.
2. Banane schälen. Zitrone ausdrücken und zusammen mit den restlichen Zutaten in den Mixer geben. Pürieren, bis eine cremige Konsistenz entsteht.
3. Creme auf Gläser verteilen und bis zum Servieren kühl stellen.
4. Schoko-Avocado-Creme nach Belieben mit gehackten Pistazien, Haselnüssen oder Kakaonibs dekorieren und servieren.

KÜCHENTIPP *Creme im Wechsel mit Granola (Seite 34/35) in Gläser schichten.*
Als Variante das Kakaopulver weglassen.

SCHOKO-TRÜFFEL AUS ZWEI ZUTATEN

Hier verstecken sich Kartoffeln als geheime Zutat! Die Schokotrüffel eigenen sich bestens zum Verschenken.

NÄHRWERTANGABEN Pro Stück ca. 69 kcal
1 g Protein · 4,5 g Kohlenhydrate · 1,5 g Ballaststoffe · 4,5 g Fett

FÜR 14 STÜCK
2 mittelgroße Kartoffeln | 130 g dunkle Schoko-
lade, 70 % Kakaoanteil

ZUM DEKORIEREN
2 EL Kakaopulver ohne Zucker | 2 EL Kokosraspeln

1. Kartoffeln schälen, in Stücke schneiden und in einen kleinen Topf geben.
2. Mit Wasser bedecken und bei mittlerer Hitze für rund 20 Minuten weich kochen.
3. Überschüssiges Wasser abgießen und die Kartoffelstücke mit dem Kartoffelstampfer zerdrücken oder durchs Passiergerät (Flotte Lotte) treiben. Kartoffelpüree abkühlen lassen.
4. Schokolade grob hacken und über dem Was-serbad oder in der Mikrowelle schmelzen.
5. Kartoffelpüree mit dem Schneebesen unter die geschmolzene Schokolade rühren. Die
6. Masse zum Festwerden für 30 Minuten kühl stellen.
   Trüffelmasse aus dem Kühlschrank nehmen. Mit einem Teelöffel kleine Portionen abneh-men und mit den Händen zu runden Kugeln formen. Die Kugeln nach Belieben in Kakao-pulver oder Kokosraspeln wälzen.
   Die fertigen Trüffel im Kühlschrank lagern.

KÜCHENTIPP *Die Trüffel mit 1 TL geriebe-ner Zitronenschale oder 1 TL Likör aromatisieren.*

SCHOKOLADENMOUSSE-TARTE

Diese Tarte ist definitiv eine Sünde wert! Sie schmeckt unglaublich lecker und wird mit vollwertigen Zutaten zubereitet.

NÄHRWERTANGABEN Pro Portion ca. 296 kcal · 8 g Protein · 24 g Kohlenhydrate · 5,5 g Ballaststoffe · 17 g Fett

FÜR 12 STÜCK

150 g Mandeln
100 g Haferflocken
200 g entsteinte Datteln
1 EL flüssiges Kokosöl
1 Prise Salz

FÜLLUNG

200 g dunkle Schokolade,
 70 % Kakaoanteil
1 EL flüssiges Kokosöl
500 g Seidentofu

ZUM SERVIEREN

Früchte (z. B. Beeren, Aprikosen)

1. Mandeln und Haferflocken in den Mixer geben und zerkleinern. Datteln und Kokosöl dazugeben und zu einer krümeligen Masse zerkleinern.

2. Masse auf dem Boden einer Tarteform von ca. 24 cm verteilen und mit den Händen gut am Boden und Rand andrücken. Die Form bis zur weiteren Verwendung kühl stellen.

3. Schokolade grob hacken und zusammen mit dem Kokosöl über dem Wasserbad schmelzen. Zusammen mit dem Seidentofu in den Mixer geben und zu einer cremigen Mousse pürieren.

4. Die Schokomousse gleichmäßig auf dem Boden der Tarte verteilen, die Oberfläche glatt streichen.

5. Tarte zum Festwerden für mindestens 4 Stunden in den Kühlschrank stellen. Anschließend aus der Form heben und nach Belieben mit Früchten garnieren.

KÜCHENTIPP *Die Tarte lässt sich prima vorbereiten und ist ideal für Gäste.*

LUFTIGES FRÜCHTEBISKUIT

Dieser Kuchen ist ein super Basisrezept. Im Frühling belege ich ihn gerne mit Rhabarber, im Sommer mit Aprikosen oder Beeren.

NÄHRWERTANGABEN Pro Stück ca. 145 kcal · 3 g Protein · 23 g Kohlenhydrate · 3 g Ballaststoffe · 4 g Fett

FÜR 24 STÜCK

900 g Aprikosen
380 g Dinkelmehl
1 Päckchen Backpulver (18 g)
200 g Rohrzucker
500 ml Haferdrink
80 g flüssiges Kokosöl
2 EL Apfelessig

ZUM SERVIEREN

Puderzucker

1. Backofen auf 180 °C Ober- und Unterhitze vorheizen. Backblech leicht fetten und mit Backpapier auskleiden.
2. Aprikosen waschen, halbieren und entsteinen.
3. Mehl, Backpulver und Rohrzucker in eine Schüssel sieben und vermischen. Haferdrink, Kokosöl und Apfelessig dazugeben und mit dem Schneebesen rasch zu einem cremigen Teig verrühren.
4. Teig in das vorbereitete Backblech gießen und mit den Aprikosenhälften belegen.
5. Biskuit im vorgeheizten Backofen bei 180 °C für ca. 30 Minuten backen.
6. Vor dem Servieren mit etwas Puderzucker bestäuben.

KÜCHENTIPP *Biskuit mit gemahlener Vanille verfeinern. Als Schoko-Variante 340 g Mehl und 40 g Kakaopulver ohne Zucker verwenden.*

GESUNDES SLUSHIE-EIS

Dieses Eis aus gefrorenen Früchten ist unsere liebste Sommer-Erfrischung. Für die Zubereitung ist keine Eismaschine notwendig.

NÄHRWERTANGABEN Pro Portion ca. 98 kcal · 2 g Protein · 15 g Kohlenhydrate · 5,5 g Ballaststoffe · 2 g Fett

FÜR 1 PORTION

VARIANTE HEIDELBEERE

150 g gefrorene Heidelbeeren
120 ml Mandeldrink

VARIANTE HIMBEERE

150 g gefrorene Himbeeren
120 ml Mandeldrink

1. Gefrorene Beeren in ein Glas geben. Beeren mit Mandeldrink bedecken und für 5 Minuten stehen lassen.
2. Mit einer Gabel oder einem Löffel die angefrorenen Beeren zerdrücken, bis die typische Slushie-Konsistenz von »Schneematsch« entsteht.
3. Das Slushie-Eis sofort genießen.

KÜCHENTIPP *Als Variante mit Kokosdrink zubereiten und mit einem Kleks Kokosjoghurt und Kokosraspeln garnieren.*

APFEL-STREUSELKUCHEN

Es gibt für mich nichts Besseres als den Duft von frischem Apfelkuchen! Diesen hier genießen wir gern zum Kaffee.

NÄHRWERTANGABEN Pro Portion ca. 276 kcal · 4 g Protein · 35 g Kohlenhydrate · 5 g Ballaststoffe · 13 g Fett

FÜR 12 STÜCK

Fett für die Springform
300 g Dinkelmehl
180 g pflanzliche Margarine
100 g Rohrzucker, alternativ Erythrit
70 g Apfelmus

FÜLLUNG

6 große Äpfel
2 EL Rohrzucker, alternativ Erythrit
1 TL Zimt

1. Boden einer Springform mit einem Durchmesser von 24 bis 26 cm mit Backpapier auslegen. Den Rand fetten.
2. Dinkelmehl, Margarine, Zucker und Apfelmus in eine große Schüssel geben. Alle Zutaten mit dem Knethaken der Küchenmaschine zu einem krümeligen Teig verkneten.
3. Drei Viertel des Teigs in der Form verteilen, dabei einen Rand hochziehen. Den restlichen Teig für die Streusel aufbewahren. Form und restlichen Teig für 30 Minuten kühl stellen.
4. Backofen auf 180 °C Ober- und Unterhitze vorheizen.
5. Äpfel schälen und in Würfel schneiden. Apfelwürfel in einen Topf geben, mit 1 bis 2 EL Wasser, Zucker und Zimt bei mittlerer Hitze für etwa 10 Minuten köcheln lassen, zwischendurch umrühren. Apfelkompott leicht abkühlen lassen.
6. Apfelkompott auf dem Boden verteilen. Den restlichen Teig als Streusel über den Äpfeln verteilen.
7. Apfelkuchen im Backofen bei 180 °C auf der mittleren Schiene für rund 35 Minuten goldbraun backen.

KÜCHENTIPP *Saisonal mit Rhabarber zubereiten. Für eine kernige Variante ein Drittel des Mehls durch feine Haferflocken ersetzen.*

SCHNELLER KIRSCHKUCHEN

Schmeckt himmlisch als Dessert oder zum Brunch. Am besten gleich lauwarm aus dem Ofen genießen!

NÄHRWERTANGABEN Pro Portion ca. 214 kcal · 4 g Protein · 27 g Kohlenhydrate · 3 g Ballaststoffe · 9 g Fett

FÜR 6 PORTIONEN

Fett für die Auflaufform
120 g Dinkelmehl
80 g Rohrzucker, alternativ Erythrit
50 g flüssiges Kokosöl, alternativ
 Margarine
150 ml Sojadrink
130 g entsteinte Kirschen

ZUM SERVIEREN

Puderzucker

1. Backofen auf 180 °C Ober- und Unterhitze vorheizen. Eine kleine Auflaufform von 15 x 23 cm einfetten.
2. Alle Zutaten, außer die Kirschen, mit dem Schneebesen verrühren.
3. Teig in die Form füllen und mit den Kirschen garnieren.
4. Kuchen im Backofen bei 180 °C für 40 bis 45 Minuten backen.
5. Zum Servieren mit Puderzucker bestäuben.

KÜCHENTIPP *Für Gäste mit Toppings wie Kokosjoghurt oder Vanilleeis servieren.*

GESUNDES BANANENBROT

Dieses Bananenbrot stillt die Lust auf Süßes auf gesunde Weise. Statt Zucker braucht ihr nur Früchte.

NÄHRWERTANGABEN Pro Portion ca. 136 kcal · 3,5 g Protein · 20 g Kohlenhydrate · 5 g Ballaststoffe · 3,5 g Fett

FÜR 12 STÜCK

3 EL Chiasamen, alternativ
　gemahlene Leinsamen
200 g glutenfreie Haferflocken
3 TL Backpulver
3 reife Bananen
150 g ungezuckertes Apfelmus
50 g zuckerfreie Schokodrops,
　alternativ gehackte Schokolade
1 Stück Banane und 2 EL zuckerfreie
　Schokodrops als Topping

1. Backofen auf 180 °C Ober- und Unterhitze vorheizen. Kastenform von 22 cm mit Backpapier auslegen.
2. Chiasamen mit 9 EL lauwarmem Wasser mischen und für 10 Minuten quellen lassen.
3. Haferflocken im Mixer zu Mehl mahlen und mit Backpulver mischen.
4. Bananen schälen, zerdrücken und in eine Rührschüssel geben. Das Apfelmus und die gequollenen Chiasamen dazugeben und untermischen. Die trockenen Zutaten unterheben. Zuletzt die Schokodrops unter den Teig mischen.
5. Teig in die Form füllen. Das übrige Stück Banane der Länge nach durchschneiden und auf die Oberfläche legen, mit Schokodrops bestreuen.
6. Das Bananenbrot bei 180 °C in der Ofenmitte für etwa 60 Minuten backen.

KÜCHENTIPP *Statt Schokodrops geröstete und gehackte Haselnüsse oder Heidelbeeren in den Teig geben.*

MEINE STANDARDVORRÄTE

Hier möchte ich euch meine Lieblingszutaten vorstellen. Ausgestattet mit diesen Vorräten könnt ihr meine gesunden Rezepte schnell und einfach zubereiten und müsst nicht jeden Tag einkaufen gehen. Meine Lebensmittel besorge ich auf dem Markt, im Supermarkt, Reformhaus oder Drogeriemarkt. Ich habe mich in diesem Buch auf Zutaten beschränkt, die es praktisch überall gibt.

FRISCHE VORRÄTE UND GEKÜHLTE ZUTATEN

+ Früchte (Äpfel, Bananen, Zitronen, Orangen, Avocado, saisonal: Beeren, Steinobst, Kaki)
+ Kräuter aus dem Topf (Basilikum, Petersilie usw.)
+ Zwiebeln, Knoblauch, Chilischoten
+ Saisonales grünes Blattgemüse (Salate, Spinat, Kohl usw.)
+ Gemüse (Karotten, Gurken, Brokkoli, Blumenkohl)
+ Kartoffeln, Süßkartoffeln
+ Tofu (natur, geräuchert)
+ Ungesüßter Joghurt (Kokosjoghurt, Sojajoghurt)
+ Pflanzliche Margarine
+ Backhefe

IM TIEFKÜHLSCHRANK

+ Gemüse (Spinat, Erbsen, grüne Bohnen)
+ Früchte (Beeren, Mango, Bananen)

GETROCKNETE VORRÄTE, MEHL UND GETREIDE

+ Trockenfrüchte (Datteln, ungeschwefelte Mango, Rosinen)
+ Mandeln
+ Nüsse (Walnüsse, Pekannüsse, Cashewkerne, Haselnüsse)
+ Kokosraspeln
+ Kerne (Kürbiskerne, Sonnenblumenkerne)
+ Samen (Chiasamen, Leinsamen, Hanfsamen)
+ Haferflocken
+ Reis (z. B. Vollkornreis, Risottoreis, Jasminreis)
+ Getreide (z. B. Polenta, Bulgur, Hirse)
+ Pseudogetreide (z. B. Buchweizen, Quinoa)
+ Mehle (z. B. Vollkornweizenmehl, Dinkelmehl, Buchweizenmehl)

+ Linsen (z. B. rote, gelbe Linsen)
+ Pasta (Hartweizengrieß-Pasta, Vollkorn-Pasta, Kichererbsen-Pasta)
+ Dunkle Schokolade, mindestens 80 % Kakaoanteil

ÖLE, ESSIG, NUSSMUS

+ Sonnenblumenöl
+ Olivenöl
+ Kokosöl
+ Apfelessig naturtrüb
+ Tahini (Sesammus)
+ Mandelmus, Erdnussmus

KONSERVEN

+ passierte Tomaten, Tomatenpüree
+ Bohnen (z. B. schwarze Bohnen, Kidneybohnen, weiße Bohnen)
+ Maiskörner
+ Kichererbsen
+ Apfelmus

SÜSSUNGSMITTEL, GEWÜRZE, GETROCKNETE KRÄUTER UND WÜRZSAUCEN

+ Flüssige Süßungsmittel (z. B. Ahornsirup, Reissirup)
+ Zucker, Vollrohrzucker, Kokosblütenzucker
+ Kakaopulver
+ Vanille-Extrakt
+ Backpulver
+ Getrocknete Backhefe
+ Salz, grobes Meersalz
+ Gemahlene Gewürze (z. B. schwarzer Pfeffer, Curry, Paprikapulver, Muskat, Kurkuma, Zimt)

+ Getrocknete Kräuter (italienische Kräutermischung, Oregano)
+ Senf
+ Gemüsebouillon
+ Würzsaucen (z. B. Sojasauce, Srirachasauce, Tabasco)

GETRÄNKE, FLÜSSIGES

+ Kokosmilch
+ Pflanzendrinks (Haferdrink, Mandeldrink, Sojadrink)
+ Zitronensaft

VIELEN DANK

Mein Weg zu diesem Buch wäre niemals ohne die wunderbaren Menschen um mich herum und meine Leser und Follower möglich gewesen. Ich möchte euch allen an dieser Stelle für die große Unterstützung danken!

Ich bin unglaublich glücklich, dass ich nun mein erstes Buchprojekt verwirklichen konnte! Ein großes Dankeschön gilt meinen Blog-Lesern und Followern auf allen Social-Media-Kanälen, welche mich seit Beginn mit vielen positiven Nachrichten, Kommentaren, E-Mails und Messages motiviert haben, meine Kreationen zu teilen und neue Rezepte zu entwickeln. Ich lese jede Nachricht und freue mich über alle Bilder und Rückmeldungen zu nachgekochten Kreationen. Es inspiriert mich zu hören, welche Rezepte ihr mögt und welche Rezepte euch für eine gesündere Ernährung helfen.

Großer Dank gilt meinen Eltern Christa und Fritz, die mich immer bei meinen Ideen und Projekten unterstützt haben – egal wie verrückt diese waren. Ihr habt mir immer vertraut und mich zu einem begeisterten „Foodie" gemacht. Es macht mich traurig, dass ich das Buch meinem Vater nicht mehr zeigen kann.

Mein Blog und YouTube-Kanal sowie die „Eat Good Food"-Rezepte sind zusammen mit meiner Familie, insbesondere meinem Mann Beat, entstanden. Ein großes Dankeschön für die Unterstützung bei diesem Projekt, sei es bei der Erstellung von Bildern oder bei technischer Unterstützung. Auch meine drei Kinder haben mir im Hintergrund immer tatkräftig geholfen, alle Kreationen probiert und mir so ehrliche Feedbacks gegeben, wie es nur Kinder können.

Vielen Dank an meine Schwiegereltern Anne Marie und Peter, die uns unterstützt haben, die „Mrs Flury"-Projekte weiterzuentwickeln. Ohne euch wäre das alles nicht möglich gewesen.

Danke an meine lieben Schwestern Andrea und Birgit, meinen Schwager Adrian sowie meine Nichte Anna, dass ihr an meiner Seite seid. Vielen Dank an meine wunderbaren Freundinnen und Freunde, welche mich in dieser Zeit laufend motiviert und begleitet haben.

Herzlich bedanken möchte ich mich bei meinem Verlag Yuna, dass ihr an „Mrs Flury" geglaubt und dieses Buchprojekt ermöglicht habt. Vielen Dank an Maren und ihr Team, die an meinem Buch gearbeitet haben. Vielen Dank meiner Lektorin Ruth, welche geholfen hat, meine Texte zu überprüfen. Und ein großes Dankeschön dem Grafikteam für die tolle Gestaltung des Buches.

Es ist mir ein großes Anliegen, andere zu inspirieren, sich gesund zu ernähren und glücklich zu leben.

MRS FLURY FOLGEN:

www.mrsflury.com

 instagram.com/mrsflury/

 youtube.com/user/mrsflury1

 facebook.com/mrsflury1

 pinterest.ch/mrsflury/

 tiktok.com/@mrsflury

Dieses Buch und die Ernährungsempfehlungen basieren auf persönlichen und geprüften Erfahrungen. Bei speziellen Ernährungsbedürfnissen wie Allergien, Zöliakie usw. und gesundheitlichen Fragen sollte ein Arzt konsultiert werden.

REZEPT REGISTER

ZUTATEN REGISTER

3. Auflage
Originalausgabe
© 2021 YUNA Verlag in der Penguin Random House Verlagsgruppe GmbH, Neumarkter Str. 28, 81673 München
Umschlaggestaltung: Inka Hagen, unter Verwendung eines Motivs von iStock/Svitlana Yanyeva, Foto: © Beat Flury
Redaktion: Ruth Wiebusch
Fotografie: © Doris und Beat Flury
Illustrationen: iStock: 1 l. (CharactersForYour), 1 M., 11, 22 u. M., 23 M., 51, 85 (zzorik), 1 r. o. (Judy Unger), 1 r. u., 7, 22 o. l., 23 u., 27, 45, 90 (Daria Ustiugova), 9, 17, 53, 87, 145 (Thoth_Adan), 22 o. r. (Macrovector), 22 u. l. (pressureUA), 22 u. l. (bokasin), 22 u. M., 23 M. (SpicyTruffel), 22 u. r. (Vikeriya), 23 o. (Evgeny Borisov), 23 o. (Liliya Shlapak), 23 o. (Tetiana Gutnyk), 23 o. (AnnDoronina), 23 o. (vector_ann), 23 u. (Hanna Yelsukova), 23 u. (isaxar), 23 u. (7romawka7), 37 l. (dvoriankin), 37 r. (Ekaterina Poplniak), 41, 166 (Color_Brush), 64 (Inna Giliarova), 68, 94, 101 u. (monaMonash), 80 (vasabii), 101 o. (Sonya_illustration), 117 (Maltiase), 119 (litovskaya), 133 (AlinaOsadchenko), 141 (cat_arch_angel), 143 (Mimomy), 146 (Mika_48), 150 (Sviatlana Barchan), 158, 161 (saemilee), 173 (astaru); Shutterstock: 15 (Liudmila Ermolenko); 171 r. u. (Logo TikTok): myriammira/Freepik
Nährstofficons: Elena Charlotte Redlitz
Social Media Icons : Freepik (Designed by Freepik)
Layout & Gestaltung: Anja Laukemper
Druck und Bindung: Print Consult GmbH, München
Printed in the Slovak Republic

ISBN 978-3-517-30309-3